北京新兴市场论坛开幕式

北京师范大学党委书记刘川生、秘鲁前总统托莱多、中国人民对外友好协会会长李小林等在论坛现场。

李小林
中国人民对外友好协会会长

刘川生
北京师范大学党委书记

亚历杭德罗·托莱多
秘鲁前总统

卓奥玛尔特·奥托尔巴耶夫
吉尔吉斯斯坦前总理

拉伊拉·奥廷加
肯尼亚前总理

法赫尔丁·艾哈迈德
孟加拉国前总理

米歇尔·康德苏
国际货币基金组织前总裁

恩里克·加西亚
拉丁美洲开发银
行行长

渡边博史
日本国际协力银行行长

蔡　昉
中国社会科学院副院长

哈瑞尔达·考利
美国新兴市场论坛
执行主席

胡必亮
北京师范大学新兴市场
研究院院长

胜茂夫
世界银行前副行长、纳扎尔巴耶夫大学校长

让维·耶利泽
非洲开发银行副行长

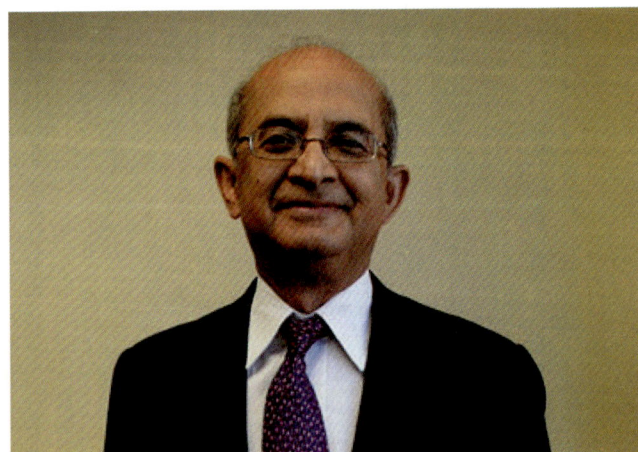

拉贾特·纳格
亚洲开发银行前常务副行长

Emerging Markets Institute 北京师范大学 新兴市场研究院 文库　胡必亮 主编

中国与新兴市场

China and Emerging Markets

胡必亮　主编

中国大百科全书出版社

图书在版编目（CIP）数据

中国与新兴市场／胡必亮主编．—北京：中国大百科全书出版社，
2018.4

（新兴市场文库）

ISBN 978-7-5202-0256-5

I.①中…　II.①胡…　III.①新兴市场—对外经贸合作—研究—
中国　IV.①F125.4

中国版本图书馆 CIP 数据核字（2018）第 056812 号

策　划　人　郭银星
责任编辑　曾　辉
版式设计　程　然
责任印制　魏　婷
出版发行　中国大百科全书出版社
地　　址　北京市阜成门北大街 17 号　　　　邮政编码　100037
电　　话　010-88390093
网　　址　http://www.ecph.com.cn
印　　刷　环球东方（北京）印务有限公司
开　　本　787 毫米 ×1092 毫米　　　1/16
印　　张　19
字　　数　210 千字
印　　次　2018 年 4 月第 1 版　2018 年 4 月第 1 次印刷
书　　号　ISBN 978-7-5202-0256-5
定　　价　69.00 元

本书如有印装质量问题，可与出版社联系调换。

"2015 北京新兴市场论坛"得到了华晟基金和北京师范大学的资助。与论坛相关的研究得到了"中央高校基本科研业务费专项资金资助"（The Fundamental Research Funds for the Central Universities）和国家社科重大项目"中国新型城镇化：五个维度协同发展研究"（14ZDA035）的资助。

从全球发展的视角来看，目前表现出的两类现象值得引起我们的高度重视和深入研究。

一类现象是：发展中国家从总体上讲，在发展经济、改善民生、消除贫困等方面都在持续地取得进展，尤其是其中的一些新兴市场大国如中国、印度、印度尼西亚、巴西、俄罗斯、墨西哥、土耳其、南非、波兰、马来西亚等国对驱动世界经济增长所起的作用越来越显著，仅中国一个国家对全球 GDP 增量的年贡献率，近年来每年都很稳定地保持在 30% 以上的水平。从维护世界和平的一个重要方面来看，发展中国家的作用也越来越大，目前中国已成为联合国安理会常任理事国中派遣维和军事人员最多的国家，也是缴纳维和摊款最多的发展中国家。根据我们这一文库中相关专著的乐观估算，到 2050 年时，亚非拉发展中国家将整体地得到进一步发展，按目前标准界定的贫困国家将基本不复存在，全球进入到一个没有绝对贫困的世界。这当然是好消息，是人类发展的福音。但新兴市场国家，以及其他发展中国家目前尚存在一些问题，譬如说有些国家的经济增长仍然主要是靠出卖自然资源而得以维持的，有的国家和区域长期处于政治、社会动荡之中，有些国家仍然面临着比较大的环境和气候变化压力，等等。对于有些国家、区域而言，进一步的可持续发展仍然具有一定的不确定性。

同时我们也发现了另一类现象，那就是：伴随着历史的发展和时代的进步，全球性的问题不是越来越少了，而是越来越多了；不是越来越简单了，而是越来越复杂了。其中一个十分重要的问题就是，全球化遇到了前所未有的挑战，抵制和反对全球化的力量变得比较大了，表现形式也多种多样，有的是大搞贸易保护主义甚至不惜发动贸易战、有的是反对产业全球化布局、有的是抵制和歧视外来移民，不一而论。如果反全球化浪潮大、维持时间长，将十分不利于新兴市场国家和发展中国家的进一步发展，以上所提到的乐观前景就会出现更大的不确定性，因为全球化对促进发展中国家的加速发展具有十分重要的意义。如果把握得好，利用全球化力量，发展中国家可以通过发挥"后发优势"和"比较优势"而实现积极的跨越式发展。此外，目前在地区冲突、国际恐怖主义、国际安全、难民、气候变化等全球性问题方面，形势也变得越来越严峻。更重要的问题在于，为解决这些全球性问题所构建的全球治理体系本来就有一些先天的缺陷，比如说发展中国家由于其代表性和参与度不够，一般就很难平等地参与全球治理过程，导致目前的全球治理体系并不是一个共治的体系，加上有些发达国家开始采取了以自我优先发展为中心的发展战略，减少了对全球治理的投入和责任，从而使本来就处于全球治理"赤字"状态的情况变得愈加严重。如果这一问题得不到及时解决，全球发展特别是新兴市场和发展中国家的进一步发展也会从这一方面受到制约。

中国是一个发展中国家，属于发展中国家中发展得比较快和比较好的一个国家，也是一个新兴市场国家。改革开放四十年来，中国始终坚持从自身国情出发，探索出了一条独特的中国特色社会主义发展道路：坚持党的领导、人民当家做主、依法治国三者有机统一；协调和处理好改革、发展、稳定三者之间的关系；积极推动，形成全面开放新格局和构建人类命运共同体。这些基本经验可供其他新兴市场国家，以及一些发展中国家参考，但每个国家都有很不相同的历史文化渊源，加上资源禀赋、经济发展基础、社会发展水平等都差异巨大，因此关键在于根据各自国家在这些方面的特点探索适合自己的发展道路。中国从来就不主张输出自己的"发展模式"（"中国模式"）；客观地讲，如果机械地学中国的"发展模式"，也是很难学成的。"中国模式"的价值与意义更多的是为其他国家提供新发展道路与新发展模式的探索参考，其他国家可以从中借鉴与自身发展相关的某些经验教训，而不应是机械地照搬。明白了这一点，"中国模式"的价值也就显而易见了，其他新兴市场国家和发展中国家的未来发展前景也就乐观可期了。我们编辑出版这一文库的一个重要目的，就在于通过比较亚非拉新兴市场国家和发展中国家的经验教训，探索其未来发展的成功道路，努力避免和克服以上提到的种种问题，力争实现美好前景。

经过改革开放四十年的发展，中国积累了一定的物质财富与制度财富，希望为更好地解决目前我们所面临的一些全球化问题做出自己的贡献。为此，中国适应时代发展需要，适时地提出了与世界各国共建"一带一路"的倡议，得到了许多国家和国际组织的积极响应；经过五年的努力，一批相关建设项目已经取得了早期收获。"一带一路"倡议的核心在于构建一个新的国际合作平台，也就是"一带一路"国际合作平台，以促进更好的国际合作和共同发展；"一带一路"倡议的基本理念在于共商共建共享；"一带一路"建设的重点在于构建更好的、以基础设施建设为主要内容的全球互联互通网络体系，同时提供更多、更好的全球公共产品，改进全球治理体系，提高全球治理效率；"一带一路"建设的最终目的在于共同构建人类命运共同体，把我们共同的世界建设成为一个持久和平、普遍安全、共同繁荣、开放包容、清洁美丽的世界。因此我们编辑出版这一文库的另一个重要目的，就是为了更好地交流和探讨与"一带一路"倡议和"一带一路"建设相关的重大问题，为促进"一带一路"发展提供智力支撑，通过推动共建"一带一路"而为更好地应对目前我们所面临的全球性挑战做出我们的贡献。

这一文库的出版，得到了北京师范大学校领导的直接指导与支持，党委书记程建平和校长董奇以及前任党委书记刘川生和前任校长钟秉林，还有其他各位校领导，都对该文库的编辑出版提出了很好的指导性意见，为文库出版指明了方向。中国大百科全书出版社的刘国辉社长和社科学术分社的郭银星社长、曾辉副社长就文库选题和编辑做了大量精细的具体工作。对此，我们表示最衷心的感谢！希望我们的共同努力对促进"一带一路"和新兴市场的理论创新也会起到一定的积极作用。

胡必亮

2018 年 4 月 6 日

　　2008 年全球金融危机以来，世界经济复苏乏力，全球市场需求萎缩，导致国际市场上大宗产品价格大幅下滑，新兴市场和发展中国家的贸易平衡出现比较严重的问题。后来的美元加息，又导致部分外资从新兴市场和发展中国家流出，这些国家的经常项目平衡受到严重不利的影响，目前甚至连经常项目长期处于顺差的国家也都出现了逆差的情况，哈萨克斯坦就是一个典型的例子。在这样的宏观背景下，从总体上讲，发展中地区进入新世纪以来的黄金时期开始褪色，面临着严峻的形势：经济增长下滑，本国货币贬值，失业率上升，有些国家的通货膨胀率比较高。拉丁美洲从总体上讲是这样的，非洲也是这样的，亚洲发展中国家的情况要好一些，但大部分国家的经济增长速度也减缓了。

　　从中国的情况来看，近年来表现出两方面的特点：一方面，经济增速出现了不小的减缓，从前些年平均 9% 左右的增长率减缓到了目前 6.5%—7% 的增长，人民币兑美元也在贬值，2015 年年初以来累计贬值 8% 左右。另一方面，中国不仅贸易项目下继续保持顺差，2015 年达到 5 000 多亿美元；经常项目下也是顺差，而且顺差的量比较大，2015年达3 000多亿美元，比2014年增长了20%左右；通货膨胀率、CPI仍然很低，都不到2%。更重要的是，经济结构发生了许多积极变化。譬如说长期以来以第二产业为主的经济结构转到了以第三产业为主，2015年第三产业增加值占GDP比重达到了50.5%，比2014年增加了2.4个百分点，而同年第二产业增加值占GDP比重只有40.5%，比第三产业增加值低10个百分点。再譬如说长期以来，中国的经济增长主要是靠投资拉动的，但这样的情况近年来发生了很大变化，2015年最终消费支出对GDP增长的贡献率高达66.4%。由于服务业占GDP比重越来越大，而服务业的就业弹性系数比工业高，因此近年来，尽管经济增长速度是放缓的，但新增就业人数反而是增加的。总之，中国经济进入发展新阶段后，既出现了经济增速放缓的情况，也出现了经济结构优化的情况。

面对这些新情况新问题，新兴市场和发展中国家需要密切联系，通过各种不同渠道开展研讨，共同寻找出路和办法。中国既属于新兴市场国家，也是发展中国家的重要成员，是世界上最大的新兴市场国家和最大的发展中国家。经过改革开放以来近40年的努力探索，中国从自身实际出发，走出了一条有中国特色的发展道路。其中有些经验教训，是可以供其他新兴市场和发展中国家借鉴和参考的。因此在中国举办新兴市场论坛，直接有助于来自各新兴市场与发展中国家的嘉宾有机会更多地了解中国的改革开放实践及其所取得的成就，切身感受和体会中国所发生的变化以及产生变化的动力与原因，增强信心，甚至可以找到一些有用的措施和办法。

更为重要的是，中国根据新时期的新特点，全面统筹国内国际两个大局，不断深化开放程度，努力构建对外开放新格局，同时推进区域大合作，提出了与世界上相关国家共商共建"一带一路"的倡议，最终共享建设成果。由于中国目前已经是一个资本净输出国了，结合"一带一路"框架下的基础设施联通、贸易畅通、资金融通等务实政策、措施的逐步落地，将出现许多新的机会，各新兴市场和发展中国家是可以从中得到实实在在的好处的。因此在中国举办这次新兴市场论坛也有助于来自新兴市场和发展中国家的嘉宾明确合作方向，更好地把握机遇。

这是一次高层次、高水平的论坛，来自世界 30 多个国家的 300 名左右的代表参加了论坛。来自拉丁美洲的秘鲁前总统亚历杭德罗·托莱多（Alejandro Toledo）博士、来自非洲的肯尼亚前总理拉伊拉·奥廷加（Raila Odinga）先生、来自亚洲的孟加拉国前总理法赫尔丁·艾哈迈德（Fakhruddin Ahmed）博士和吉尔吉斯斯坦前总理卓奥玛尔特·奥托尔巴耶夫（Djoomart Otorbaev）博士不仅出席论坛开幕式并发表演讲，而且全程参与了各分论坛的研讨，在分论坛上发表了自己的看法。

为了使我们论坛的结果更具有可操作性，通过论坛所达成的一些基本共识可以得到有效落实，我们也邀请到了国际多边金融机构重量级嘉宾参加我们的论坛。国际货币基金组织前总裁米歇尔·康德苏（Michel Camdessus）先生以 82 岁高龄特意赶来北京参加论坛，发表了精彩演讲；拉丁美洲开发银行行长恩里克·加西亚（Enrique Garcia）博士和非洲开发银行副行长让维·利泽耶（Janvier Litse）先生从遥远的拉丁美洲和非洲赶来参加我们的论坛，发表了很好的想法；世界银行前副行长胜茂夫（Shigeo Katsu）先生、亚洲开发银行前常务副行长拉贾特·纳格（Rajat M.

Nag）先生、日本国际协力银行行长渡边博史（Hiroshi Watanabe）
先生、世界银行东亚与太平洋地区中国、蒙古和韩国局局长郝福
满（Bert Hofman）先生、亚洲开发银行驻中国首席代表哈米德·谢
里夫（Hamid Sharif）先生等国际金融界"大腕"也参加了这次论坛。

从中国方面来看，中共中央政治局委员、中华人民共和国副
主席李源潮在论坛期间接见了参加论坛的部分嘉宾，听取了他们
对新兴市场目前面临的问题和发展前景的看法，并就中国与新兴
市场发展问题发表了重要讲话。中国人民对外友好协会会长李小
林和北京师范大学党委书记、校务委员会主任刘川生代表举办方
出席论坛并致辞；中国社会科学院、中国人民银行、北京大学、
复旦大学、中国人民大学、北京师范大学等机构的相关专家学者
也应邀参加了论坛。

这次论坛由中国人民对外友好协会、北京师范大学新兴市场
研究院和美国新兴市场论坛联合举办。2015 年 10 月 19 日上午在
位于北京的人民大会堂东大厅举行开幕式，晚上在人民大会堂香
港厅举行"新兴市场之夜"招待酒会；19 日下午和 20 日上午在
中国人民对外友好协会友谊宫举行专题研讨。通过研讨，来自各
新兴市场和发展中国家的代表以及国际组织的代表对目前的形势
有了更加清醒的认识，也明确了下一步努力的方向，对未来的发
展前景更加充满了信心。为了使这次论坛提出的问题得到进一步
的深入研究，也为了使学界、决策界进一步了解这次研讨的具体
情况，我们特编辑此专辑，通过实录的方式，将参与这次论坛嘉
宾的发言内容完整地记录下来，汇编成册，予以出版。

对各位嘉宾的发言进行最初整理（包括翻译）的研究人员有
刘倩、陈默、范莎、计磊、田颖聪、李怡萌、赵翼、吴佳妮、李

凯达、易智旺，然后由刘倩博士和陈默先生进行统稿，最后由我逐字逐句地进行为期 24 天（2016 年寒假、2017 年"十一"长假、2017 年暑假）的编辑整理，最终得以完成。为了让读者更好地把握嘉宾的演讲要点，我还根据嘉宾发言的内容，给每位嘉宾的演讲加了一个标题，希望通过标题就能理解其演讲最核心的东西。尽管我们十分认真地做了工作，但难免还存在一些这样或那样的问题，敬请读者提出批评指正意见，以便我们进一步改进和完善。

中国人民对外友好协会会长李小林、北京师范大学党委书记刘川生和校长董奇以及美国新兴市场论坛（EMF）执行主席哈瑞尔达·考利（Harinder Kohli）对这次论坛高度重视，多次给予有效指导；友协具体负责此次论坛的李新玉主任及其团队做了大量的多方协调工作，保障了论坛的顺利举行；论坛的各项具体工作主要是由北京师范大学新兴市场研究院在学校主管国际事务的周作宇副校长和校办主任康震、国际交流与合作中心主任王秀梅、社科处处长范立双等的领导下开展的，我和院长助理陈默以及我的学生刘倩、范莎、周敏丹、武岩、孙祥栋、唐幸、段博川、李怡萌、李凯达和郭美君、李思惟、韩香丛等直接参与了论坛的各项具体工作；美国新兴市场论坛负责大型国际会议组织工作的姚彦贝、姜晗之专门从美国到北京指导并参与了后期的准备工作。需要特别提及的是，华晟基金和北京师范大学以及张建臣以私人名义对论坛提供了资助，与论坛相关的研究得到了"中央高校基本科研业务费专项资金"（The Fundamental Research Funds for the Central Universities）和国家社科重大项目"中国新型城镇化：五个维度协同发展研究"（14ZDA035）的资助。华晟基金董事长林竹博士、泰达北京公司副总裁张建臣先生和中国银行北京分行副行长周功华博士为论坛达到预期效果花了大量心血进行深入策划和反复研讨，提出了很好的实操意见。当然，还有来自亚非拉30多个国家的前政要、国际金融机构的前任或现任高级管理人士、专家学者、政府官员等积极参会，踊跃发表自己的看法。没有这样一批热心于新兴市场发展的各方人士的无私奉献、踏实工作、积极参与，这次论坛是不可能成功举办的。在这本论坛实录出版之际，作为主编，我对指导、策划、赞助、筹备、奉献、参与、支持这次论坛的所有人，表示由衷的敬意和衷心的感恩！

最后，我们对中国大百科全书出版社的全力支持，尤其是对刘国辉先生、郭银星女士和曾辉先生的贡献表示敬佩和感谢！

胡必亮

北京师范大学新兴市场研究院院长

2016 年 10 月 6 日 初稿

2017 年 8 月 26 日 定稿

目录

Contents

开幕式

中国与新兴市场的新常态、新挑战与新机遇

人民币国际化与新兴市场

中国对外投资与新兴市场国家之间的经济合作

中国与新兴市场国家的城镇化：经验与改进

闭幕式

论坛专访

附录

开幕式

顺应历史潮流，加强新兴市场国家合作

中国人民对外友好协会会长　李小林

尊敬的秘鲁前总统托莱多阁下，尊敬的吉尔吉斯斯坦前总理奥托尔巴耶夫阁下，尊敬的孟加拉国前总理艾哈迈德阁下，尊敬的肯尼亚前总理奥廷加阁下，尊敬的美国新兴市场论坛执行主席考利先生，尊敬的北京师范大学党委书记刘川生女士，女士们、先生们，朋友们：大家上午好！

今天，我们在北京隆重召开由中国人民对外友好协会、北京师范大学、美国新兴市场论坛联合举办的"2015北京新兴市场论坛"。我谨代表中国人民对外友好协会，预祝本次论坛顺利召开，并对远道而来的各位朋友表示热烈的欢迎。

中国人民对外友好协会是中国最早成立的从事民间外交工作的全国性人民团体之一，自1954年5月成立以来，我会一直以增进人民友谊、推动国际合作、维护世界和平、促进共同发展为宗旨，代表中国人民在国际舞台上广交、深交朋友，服务于中国的和平发展与和平统一大业，致力于促进人类团结进步的事业。目前，我会与世界上 157 个国家的 500 多个民间团体建立了友好合作关系，并已设立了 46 个中外地区国别友好协会。我会在对外交往中十分重视讲好中国故事，传播好中国声音，努力用外国朋友容易接受的语言和形式介绍中国的和平、合作、共赢的发展理念。今天的世界格局正处在加快演变的历史性进程中，新兴市场国家和发展中国家的崛起已经成为不可阻挡的历史潮流。

今天，各新兴市场国家前政要、学者、企业家在一起共同探讨深化市场合作，寻求发展共赢的途径，这对于加强我们之间的合作，重塑世界格局，无疑将起到积极的推动作用。

我会愿就切实加强与新兴市场国家之间的合作与发展，提出以下四点建议。

第一，充分利用"一带一路"的战略资源与机会，实现新兴市场国家的优势互补，合作共赢。我们应当努力寻求各方利益的汇合点，切实落实正确的义利观，真正做到弘义融利；我会一贯秉持和平、合作、共赢的发展理念，积极将民间外交融入"一带一路"的建设之中。近年来，我会陆续举办了"'一带一路'地方领导人对话会""中国·阿拉伯城市论坛""中国·东亚城市论坛""中国·印度地方合作论坛""中国·非洲地方政府合作论坛""中国·东盟省市长对话""中国·东盟民间友好大会"等活动。通过这些对话交流，促进了国家间的相互沟通和了解，推动了经济合作和人文交流。今天召开的新兴市场论坛，也是我会旨在用实际行动助力"一带一路"建设的战略沟通，为广大新兴市场国家实现优势互补、合作共赢搭建交流的平台。

第二，切实加强生态型合作与践行绿色发展理念。可持续发展的环境基础在于实现生态的可持续性，经济发展绝不应当与生态环境相分离。在发展过程中，要正确地处理好经济发展与生态环境保护的关系，树立生态命运共同体的理念，在繁荣发展市场经济的同时，为子孙后代留住身边的青山绿水。

第三，持续推动新兴市场国家之间的人文交流与合作。"国之交在于民相亲，民相亲在于心相通。"习总书记指出，要加强人文交流，不断增进人民之间的感情。以利相交，利尽则散；以势相交，势去则倾；唯以心相交，方成其久远。国家发展说到底要靠人们的心通意合。在全球化浪潮中，新兴市场国家积极寻求创新和深化区域性合作，合作形式应当从政府间合作、经济贸易拓展到全方位的人文、城市间交流合作。新兴市场国家间的合作不应仅限于政府层面，公共舆论和社会大众更应增加相互间的认识与友谊。我会积极发挥外交作用，大力推动与智库、媒体、商界、非政府组织和广大民众的沟通与交流。

第四，实现创新型的新兴市场国家间的友好城市合作。在全球化趋势深入发展的今天，我们的城市也随着国际一体化趋势出现了新的变化。在市场力量和技术力量的推动下，不同国家间的城市已经建立了既有深度、又有广度的合作关系。以城市合作为载体，国家间的市场合作才得以真正落地。例如，广西钦州市和泰国龙仔厝府于 2007 年 3 月结为友好城市，随着双方积极拓展海洋捕捞业、种植业等多项合作，也促进了双方的文化、教育和体育等方面的交流。山西晋城市和南非卡卡杜市曾因瓦斯防爆炸技术而结缘，双方在技术合作中感情迅速升温，进而建立了友好城市关系。

因此，我们建议借新兴市场论坛的平台，建立新兴市场城市群。通过新兴市场城市群，实现城市之间的交流合作，相信这对直接扩大并夯实新兴市场国家合作的利益基础，将起到积极的促进作用。我会在城市合作方面有着天然的优势，城市交流也是我会重要的工作内容。1973年，中国天津市和日本神户建立了中国第一对国际友好城市。截至2015年9月1日，我国对外结成友好城市数量达到了199对，成为世界上拥有正式友好城市数量最多的国家。40多年来，国际友好城市工作在配合国家总体外交战略的同时，有力地促进了地方改革开放与经济社会发展。因此，我们也希望通过建立新兴市场国家城市群带动城市经贸合作，促进共同繁荣发展。

我期待各位嘉宾通过交流对话，广植人脉网络；通过包容互鉴，增进彼此友谊；通过共同进步，实现互利共赢。我们相信新兴市场国家一定能够积累信心，积聚信任，走上一条共同发展的光明大道。

谢谢大家!

发展、合作、多元：新兴市场的时代主题

北京师范大学党委书记　刘川生

尊敬的秘鲁前总统亚历杭德罗·托莱多，尊敬的孟加拉国前总理法赫尔丁·艾哈迈德，尊敬的肯尼亚前总理拉伊拉·奥廷加，尊敬的吉尔吉斯斯坦前总理卓奥玛尔特·奥托尔巴耶夫，以及尊敬的李小林会长和哈瑞尔达·考利主席，尊敬的各位来宾，女士们、先生们、朋友们，大家上午好！

今天，我们在人民大会堂隆重举行"2015 北京新兴市场论坛"。首先，我代表主办方之一的北京师范大学向来自亚洲、非洲、拉丁美洲的各位前政要和来自世界银行、亚洲开发银行、拉丁美洲开发银行、非洲开发银行、日本国际协力银行的现任和前任行长、副行长以及各位专家、媒体的朋友们表示热烈的欢迎和诚挚的问候！

新兴市场是全球经济增长的重要引擎，是推动全球治理和经济发展的重要力量。进入新世纪以来，特别是 2008 年金融危机

以来，新兴市场国家发展势头强劲，其经济增量已经占到全世界经济增量的 2/3，GDP 总量占全球的 50%。新兴市场国家对促进全球经济秩序调整和社会治理变革做出了巨大的贡献。

中国是世界上最大的发展中国家和新兴市场国家，此次论坛在中国举办具有重大意义。三十多年来，中国始终坚信发展才是硬道理。不断地推进新兴工业化、信息化、城镇化、农业现代化发展进程，实现了经济持续、快速增长。中国的市场空间潜力巨大，发展前景良好，中国的巨大需求已经成为稳定世界经济增长的压舱石，中国经济已经成为推动世界经济复苏的重要力量。

但是，中国仍然是发展中国家。现在世界经济发展遇到各种不稳定因素，如果中国能够探索出一条从不发达到发达的成功之路，那不仅仅是中国的成功，也对其他发展中国家探寻这样的成功之路具有重要的借鉴意义。所以，在中国开这个会，也更具重要的借鉴意义。当然，各个国家具有不同的发展经验，同样也是非常有意义的。

中国与其他的新兴市场国家和发展中国家有着十分广泛的共同利益。近年来，中国政府提出了建设"丝绸之路经济带"和建设"21 世纪海上丝绸之路"的战略构想，也就是刚才李小林会长所讲的"一带一路"倡议。中国也成立了亚洲基础设施投资银行，还积极参与组建了金砖国家发展银行。所有这些重大举措，都为促进中国与其他新兴市场国家和发展中国家的携手合作、互利共赢发展，提供了广泛的空间，也为彼此增进理解、信任，加强全方位交流奠定了坚实的基础。

当前，世界经济仍然处于全球金融危机后的深度调整期，不确定、不稳定因素较多，随着经济全球化、一体化、信息化的快速发展，随着大数据时代的到来，一方面新兴市场国家遇到的困难和矛盾越来越多，解决问题的难度也越来越大；另外一方面，我们也要看到，我们的发展机遇也越来越多，发展前景也越来越好。在这样十分复杂的情况下，关于发展规律与发展战略的研究也就显得越来越迫切、越来越重要了。中国与其他新兴市场国家一样，目前的发展都进入了新的阶段，经济发展出现了新常态，因此各国都在积极地加强战略协调，推进务实合作，推动本国与全球经济治理体系的变革。今年9月，中国国家主席习近平在纽约联合国总部发展峰会上提出了"深化南南合作"的建议，并且在南南合作圆桌会议上宣布了一系列促进合作的"中国方案"，包括设立"南南合作援助基金"、免除对部分发展中国家政府间的无息贷款债务、未来5年中国向发展中国家提供15万个奖学金名额，等等。这些必将有助于进一步推动中国与其他新兴市场国家和发展中国家之间建立起平等互信、互利共赢、团结互助的新型合作关系，共同探索出一条公平开放、全面创新的发展道路。

北京师范大学是中国历史上第一所师范大学，至今已有113年的历史。我校始终致力于拓展国际视野，寻求国际合作，搭建国际平台。2011年，我校与美国新兴市场论坛合作，成立了新兴市场研究院，共建国际性综合智库。4年来，在胡必亮院长的带领下，研究院深入研究中国与非洲、拉丁美洲、东南亚的经济合作问题；积极参与新兴市场全球论坛、欧亚论坛、非洲论坛、拉丁美洲论坛、新兴市场青年领袖论坛等国际论坛；努力培养来自新兴市场国家政府部门的中层领导干部，取得了良好成绩，产生了积极影响。

今年，研究院一次就推出了《2040年的拉丁美洲》《2050年的亚洲》《2050年的非洲》《国际货币体系改革》《中拉经济合作新框架》等译著和专著，有力地推进了关于新兴市场和发展中国家问题研究的进程。目前，共有来自20多个亚非拉国家的政府官员在研究院攻读硕士学位。研究院已经成为我校推进国际化建设与对外交流的高端学术平台，尤其在推进中国与新兴市场国家之间的合作方面起到了十分重要的积极作用。

本次论坛的主题是"中国与新兴市场"。今天与会的都是国内外的顶级专家，大家总结新兴市场国家改革与发展的成功经验，研究适合不同国家、不同发展模式的成功之路。我认为，广大新兴市场国家目前的主要任务，仍然是发展。在坚持发展的前提下，我们要特别强调合作与多元。也就是说，谈到新兴市场问题，我认为要特别重视"发展、合作、多元"这六个字。

发展是解决一切问题的根本途径，但由于每个国家的历史文化背景不同，自然条件差别较大，发展道路也就不会是一元的，而是多元的。各个国家都应立足本国的实际、探索出符合本国国情、突出本国特色的发展道路，习近平总书记将其比喻为"一把钥匙开一把锁"。广大新兴市场国家可以通过相互交流与合作，分享成功经验，吸取失败的教训，提高治理国家的能力与水平，促进共同繁荣与发展。

我相信，这次的头脑风暴，不同声音的碰撞，不同文化的交流，必将产生很好的效果。大家通过讨论得出的结论，也许就会变成明天的政策与行动方案，我们就可以从理论和实践两个方面找到正确的发展道路。"和平、发展、合作、共赢"仍然是当今时代的主题，我希望这次的新兴市场论坛能为促进广大新兴市场国家的可持续发展和为打造新兴市场国家之间政治互信、经济融合、文化包容的利益共同体、命运共同体和责任共同体做出重要贡献。

最后，预祝"2015北京新兴市场论坛"取得圆满成功！

祝愿我们的友谊长存！谢谢大家！

中国对新兴市场国家的示范意义

美国新兴市场论坛执行主席　哈瑞尔达·考利

首先我要感谢李小林会长、刘川生书记、胡必亮院长，也感谢各位总统、总理阁下：亚历杭德罗·托莱多总统、法赫尔丁·艾哈迈德总理、卓奥玛尔特·奥托尔巴耶夫总理、拉伊拉·奥廷加总理。尊敬的各位领导、各位专家、媒体的朋友们，大家早上好！

今天，我非常荣幸、非常高兴能够和李会长、刘书记一起欢迎大家参加此次在人民大会堂举行的"2015北京新兴市场论坛"开幕式。人民大会堂非常美丽，是我们开会的完美场所。我们可以讨论很多全球性的非常重要的问题，其中之一就是快速发展的新兴市场如何与世界上最大的发展中国家之间的互动问题——中国不仅仅是世界上最大的新兴市场国家，也是世界上最成功的新兴市场国家。

各位来宾，请允许我首先感谢中国人民对外友好协会和北京师范大学邀请我们来到中国，参加这次论坛。由于你们的努力，使这次论坛成为现实。我们还要感谢主办方在现在这样的关键时刻主持了这次会议。为什么是关键时刻呢？因为那些推动全球经济增长的传统动力如 G7 国家，它们的经济目前陷入了困境。现在的问题是，到底新兴市场应该发挥什么样的作用，才能够保持全球经济的稳定增长？"新兴市场论坛"到今年已经 10 岁了：我们于 2005 年 12 月份在英国的牛津大学举办了第一次论坛。到目前为止，我们在世界各国共召开了二十多次会议，在撒哈拉以南的非洲，以及北非、中亚、南亚、拉丁美洲、欧洲、北美洲等都举行过会议。我们非常荣幸地请到二十多位前政要或现政要参加过我们的会议；有一百多位央行的行长或政府的部长参加过我们的会议；还有一些智库的代表和其他一些方面的重量级的嘉宾以及全球各国非常重要的知识分子也参加过我们的会议。

"新兴市场论坛"做了大量的分析和讨论工作，已经出版了 9 本著作，其中有些著作已经翻译成汉语、西班牙语、俄语、法语出版了。

我们的学术期刊每年出版三期，到目前为止已经 7 年时间了。应该说，我们有着非常成功的历史。今天，我们非常高兴能够与中国两家十分有影响力的机构一起，共同举办"2015 北京新兴市场论坛"。通过今天和明天的会议，我希望我们三家主办方能够继续合作下去，我们几位联合主席也都希望能够再次来到中国。现在，请允许我向大家转达一下我们的联合主席、也是德国的前总统霍斯特·克勒先生的问候，非常遗憾他无法前来参加今天的会议，因为他的医生建议他这段时间不要远行，但他非常希望下一次在北京开会的时候能够到场。有的联合主席今天到场了，随后就会发言。

各位总统、总理阁下，朋友们，我想向你们表达我们最衷心的感谢，感谢你们在百忙中抽空来参加这次论坛，参加今天的开幕式。

我们参与举办这次会议，非常希望给大家传达一个十分重要的信号，那就是：中国对于其他新兴市场国家的发展而言，非常关键！非常重要！中国实施的政策与措施，对于新兴市场而言，非常关键！非常重要！中国对于整个世界的经济发展，也非常重要！

新兴市场有着非常大的发展潜力。我们现在要讨论的关键问题是，中国在其他新兴市场发展过程中能够和应该发挥什么样的作用。"新兴市场论坛"认为，中国的作用至少应该包括这样几个方面：

第一，也是最重要的，那就是中国可以继续作为其他新兴市场国家的榜样而发挥作用——不仅是亚太地区新兴市场国家的榜样，也是非洲、拉丁美洲新兴市场国家的榜样——对这些经济体都将起到非常好的示范效应。过去的三十多年，中国在经济、社会发展等各方面，都取得了非常卓越的成就，也能够在未来继续延续这样的成功。

中国可以给世界上最穷的国家带来希望，促使它们摆脱极端贫困，尽快地促进其经济发展。中国也展示了其"和平发展、和谐发展"的成功道路，在接下来的三十年中，中国将会完成其从外向出口推动型经济发展方式向提高生产效率的经济发展方式的转变，从年轻的社会向老龄化社会转变，还有一些其他方面的转变。中国需要有效地应对这些转变，其应对的经验也将为世界其他国家提供很好的参考。

第二，在过去的几十年中，中国在建立现代基础设施方面比其他任何国家做得要好许多，包括铁路、公路、卫生基础设施、通信设施，等等。中国快速的基础设施建设满足了其经济快速增长的需求，直接促进了其经济发展，而基础设施正是其他新兴市场国家目前所遇到的发展瓶颈问题。我们认为，中国既有能力解决自己在这方面的问题，同时也有能力提供一些技术援助、资金援助支持其他新兴市场国家在这方面的发展。

第三，作为世界上第二大经济体、也是人口最多的国家，中国非常重要。对一些全球共同的问题，应承担起自己的责任来，其中一个重要问题就是气候变化问题，中国最近在这方面做出的决定也为其他国家起到了积极的示范作用。最近，中国制定了关于减少二氧化碳排放的计划，也已经更多地使用太阳能等新型能源，这为其他国家，包括发达国家和发展中国家共同解决这一全球性问题做出了榜样。

女士们、先生们，现在中国凭借着其雄厚的资金，可以为其他新兴市场国家提供一些帮助、支持。中国积极推进亚投行和金砖国家发展银行建设，受到了很多国家的欢迎。这些新的多边金融机构，将为建立更加合理的国际经济新秩序起到积极作用，也将有助于促进世界其他国家的经济发展。

各位总统、总理阁下，女士们、先生们：请接受我最衷心的感谢，感谢给我这个机会，让我可以跟大家分享我们主要的观点，也就是我们关于中国对于全球新兴市场发展所做出重要贡献的观点，以及中国为其他新兴市场国家树立了榜样的观点。我非常期待我们接下来的讨论，谢谢大家！

教育优先，决策引领：重视对新兴市场的未来发展研究

秘鲁前总统　亚历杭德罗·托莱多

我非常高兴能够来到中国，出席今天的论坛。首先请允许我表达我最衷心的感谢。我衷心地感谢中国人民对外友好协会李小林会长，衷心地感谢北京师范大学的刘川生书记，北京师范大学是一所非常了不起的大学。我也感谢各位在座的前政要们。我也请大家允许我跟你们分享我现在的心情：我非常的幸运，我的妻子今天也来到了这里，她是我人生中的美好伴侣。

这是一个非常了不起的论坛！这个论坛教导我们：我们新兴市场国家必须要做出必要的变革，然后才能够持续地前进。我也要衷心地感谢中国国家主席习近平，因为我刚才从李会长、刘书记那里听到了习近平主席高瞻远瞩的看法。我们的各位学者或研究员，一般都喜欢使用各种各样的模型去预测未来。我今天也想稍微冒险地尝试一下——不谈过去，只是预测一下未来。

我最近一直在读有关未来的书。最近我还犯了个错误，写了一本畅销书来展望未来。我非常感谢北京师范大学，因为我个人认为，除了高等教育之外，世界上没有其他更加有效的"武器"能够帮助新兴市场国家成为发达国家，没有更有效的"武器"去消灭不平等、贫穷和社会排斥。也就是说，我觉得最好的"武器"就是高质量的教育，教育直接关系到营养、健康和高质量的生活。

听起来好像我有点武断，但这并不是一个曾经作为斯坦福大学或者是哈佛大学教授的理论，而是我总结出的经验之谈。我有16个兄弟姐妹，我出生的家庭非常非常的贫困，我的7个兄弟姐妹没有活过1岁，因为我们没有足够的水、医疗卫生措施，更谈不上高质量的教育了。每个听到这里的人都会问我一个问题：那么你是怎么走到今天的呢？这个问题很好！我的回答是：我是一个统计上的错误，因为统计学上通常会有误差，而我就是这样一个误差，大概只有3%—4%的概率。既然我是一个统计学上的错误，那么当我展望未来时，我希望我的余生贡献给这样的事业，即人们成功的原因，不应该是"统计误差"造成的。人们应该有权利获得医疗、营养、高质量的教育，高质量的教育，高质量的教育，重要的事情至少要说三遍。

我们不要等着成为"统计误差"。新兴市场国家的人们，我们不要仅仅依靠等待来获得我们的权利。人权不仅仅是要防止要命的呼啸的子弹，人权也应该包括让孩子们拥有体面的童年：儿童应该拥有获得知识、获得高质量教育的权利。

在我们了解了目前的基本事实以后，让我们花几分钟去想一下未来吧。

我告诉大家，斯坦福大学和谷歌已经完成了一项发明，其重要性远远超出了我们手里的 iPhone、iPad，或者雅虎和脸书等。他们创造了一辆可以用太阳能板来驱动的汽车。现在的油价已经从 100 美元一桶降到了 40 美元一桶，那些生产石油特别多的国家看来不得不自己把这些油都"喝"了。今年是 2015 年，我们在这里研讨；30 年之后，大家都不再年轻了；35 年之后，也就是 2050 年，这个世界上可能会有 90 亿人，比现在要多出很多人。如果我们今天在一些方面做得不好，那时我们的子孙后代也许会质疑我们。也就是说，我们子孙后代的生活状况，很大程度上是由我们今天的决策所影响的。这就是我们作为领导人的责任所在，也是这个论坛的责任所在。

因此，我们应该怎样去面对我们的孩子、我们的孩子的孩子在 2050 年时所要面临的挑战呢？我们现在就要认真地思考这样的问题。这些挑战包括：

第一，如果我们现在不采取有效行动的话，到 2050 年，我们就没有清洁的饮用水了。到那时，我们也许会为了争夺清洁的饮用水而打仗，也许会为了争抢粮食而打仗，因为那时的人会更多，淡水将不够，农业灌溉用水也会不够，因此粮食也可能不够。我们的孩子、我们孩子的孩子还会面临由全球气候变化所带来的各种不利影响的挑战。

第二，对于应对气候变化，我们并没有做多少工作，我们必须诚实地面对自己。我们已经有了《京都议定书》，但是没有取得多少实质性的结果；哥本哈根会议也没有取得大的实质性进展。我希望法国巴黎的会议能在这方面取得一些积极的进展。

我们只有做出一些有益事情，我们的孩子和我们孩子的孩子才可能比较好地去应对 2050 年他们所面临的挑战。这就意味着，我们今天就要下决心去做出好的决策，而不是等到 2050 年的时候再去做这样的决策，新兴市场国家的人民和他们的领导人肩负着重大的责任，即现在就必须做出正确的决策。我们知道，这些决策通常都是涉及中长期发展的决策，包括高质量的教育、清洁的水，以及采取有效措施应对气候变化，等等。

我在最近出版的一本书中写道，35 年后，拉丁美洲将是世界上最繁荣富强的地方之一。为什么我对拉丁美洲这么乐观呢？第一点，拉丁美洲拥有世界上 47% 的清洁水源，比如亚马逊河。第二点，拉丁美洲是世界上唯一一个还有着原始丛林——可以让人们自由地呼吸清新空气——的大洲，秘鲁与阿根廷、哥伦比亚共享这些丛林。第三点，拉丁美洲也是世界上生物多样性最好的地区之一，因此我们生产各种各样的食品，而很多国家由于气候原因，已经生产不出这些东西了。我们是世界上绿色的能源地区之一。所以，我告诉中国的朋友们，我们有很大的合作空间。

现在的世界是多元化的世界，因此我们需要做出这样的决定，即我们不仅提供原材料、矿产品、原油，我希望新兴市场国家也可以提供科技和创新成果。如果只有原材料，我们的发展前景是有限的；如果我们在科技和创新方面也进行合作，我们的发展前景就将是无限的。

我们现在只需花两天时间，就可以从拉美到达北京，或者到达印度或东京，但我们不能随身带着金矿。如果我们不去履行我们的社会责任，我们就有可能破坏环境，破坏我们子孙后代的生活。我在思考未来的时候，并不可能像衡量不平等的基尼系数那么精确，但却是有意义的。即使是基尼系数，也有其局限性，因为它只衡量人的收入水平，如果你一天只挣一二美元，你是穷人，你是赤贫者。但这个计算方法并没有包括水和卫生方面的不平等情况，而我的 7 个兄弟姐妹没能活过 1 岁，就是因为水和卫生的问题所造成的，我另外的 8 个兄弟姐妹幸存下来了。这并不是我家的特例。到 2050 年，地球上将会有 90 亿人口，但我可能已经不在了，你们可以看到那时的情景。

现在，这个世界比以往任何时候都更加迫切地需要更好的领导力，而不是更多的政治游戏。我们现在所做的决策，可能对下次大选没有太大的帮助，但是对于下一代人来说却是至关重要的。

我因为十分幸运地获得了接受高等教育的机会，才过上了今天的好日子。由斯坦福大学出版社出版的我的这本书，记录了我的这些经历。该书将会被翻译成 10 种语言出版，北京师范大学新兴市场研究院已经答应把这本书迅速地翻译成中文在中国出版，十分感谢！我知道，我很可能看不到 2050 年了，但我们有责任现在就做出正确的决策。中国领导人现在已经做出这样的决策了，世界上所有国家的领导人现在也都应该就做出正确的决策。

我衷心地希望，我们现在的工作都是有助于促进世界发展的，都是有助于建设我们更加美好的未来生活的。我们举办这个论坛的意义也正在于此。再次感谢论坛给我这次机会！谢谢大家！

以云南为基点加强中国与东南亚国家之间的经济联系

孟加拉国前总理　法赫尔丁·艾哈迈德

尊敬的各位总统、总理阁下，尊敬的朋友们，女士们、先生们：

首先，我要感谢这次论坛的组织者——中国人民对外友好协会、北京师范大学、新兴市场论坛组织这个非常盛大的论坛，让大家一起研讨新兴市场的各种问题，以及我们怎样在合作中共同应对未来的挑战。

托莱多总统刚才的演讲发人深省，我同意他的说法——我们需要展望未来。我们并不是仅仅看明天或者是后天，而是展望未来 30 年将是什么样的。

我第一次到中国是在 1977 年，此后我多次来到中国，每次访问中国都给我留下了深刻的印象。中国的发展日新月异，中国人民的生活水平不断地得到改善与提高，中国的经济社会发展速度很快，这些都为其他新兴市场国家和发展中国家带来了巨大的鼓舞，它们也希望能够像中国一样，不断取得发展方面的成就。

女士们、先生们，中国正在崛起，这是毫无疑问的，中国在过去的几十年间取得了巨大的进步，中国是世界上发展最快的国家。在这个过程中，中国有3亿多人摆脱了贫困。虽然中国目前仍然面临着很多挑战，但是中国确实是世界上最成功的发展中国家。中国在减少国内贫困的同时，也给其他发展中国家的减贫做出了巨大贡献。中国过去一直为这些国家提供很多的经济支持，帮助这些国家建设它们所急需的基础设施，这实际上提供了一个非常好的南南合作的案例。

孟加拉国和中国非常相似。我们也一直在致力于减缓贫困，我们在过去的25年中也取得了一定的成功与进步，实现了减贫一半的目标，我们的一些经济社会指标也达到了预期的目标。很多国家可能没有孟加拉国做得好，因此也有人把孟加拉国描述成发展范例，我们的发展实践也证明了这一点。

孟加拉国保持了一段时间的中高速经济增长，波动比较小，经济增长大约为年均6%，由此带来了人民生活水平的很大提升。

我们在减缓贫困和提高人民生活水平的过程中，得到了中国的大力支持，尤其是在基础设施方面。在电厂建设和道路建设方面，中国给我们提供了很多的帮助。中国和南亚的联系可以回溯到几百年以前。历史上，有很多中国人都曾到访印度，这是几个世纪以前留下的遗产，我们至今依然从中受益。

同样，在很多年前，印度也有很多人到中国求知。丝绸之路促进了中国和中亚以及欧洲之间的联系，促进了中国与东南亚之间的贸易联系，但这已经是历史了。回顾过去30年间南南合作的成就，我们固然感到十分欣慰，但我们更应该像刚才托莱多总统所讲的那样，要更加着眼于未来，看看我们未来能够做些什么，我们在哪些方面可以做得更好，我们之间的合作应该如何进一步加强和深化。

每个国家的发展过程是受到其经济、社会、文化等因素影响的。我认为，一个国家的发展经验是可以为另外一个国家所借鉴的，中国可以在这方面发挥非常重要的作用，以此为基础来构建其他新兴市场及发展中国家的发展道路。

在这一过程中，中国的作用是什么？中国对于这些国家将产生什么样的重要影响？我想就此谈一些具体的看法，供大家进一步研究和思考。

首先，中国可以为区域的一些基础设施建设提供资金上的支持。我的具体建议是，可以从云南昆明修建一条经过缅甸到孟加拉国的公路，我们也会相应地完善孟加拉国国内的公路网络，使中国云南省和东南亚各国连成一片，从孟加拉国首都达卡到印度加尔各答、德里都可以连接起来，甚至可以与阿富汗、伊朗连接起来。这也是过去的丝绸之路的延伸，是新丝绸之路的重要组成部分。

在基础设施的发展方面，中国有着非常好的经验，其技术和资金都可以为发展中国家提供大力支持，而东南亚有很多基础设施建设投资机会，这一点我们都很清楚。实践证明，私营经济对于促进基础设施的建设与发展，是具有重要意义的。中国在继续扩大基础设施建设方面与东南亚各国之间的合作还有巨大的潜力。

其次，一旦区域间道路系统和其他基础设施系统建设完成后，将直接有助于促进各国贸易的进一步发展。实际上，中国和东南亚之间的贸易是不断增长的，我们需要做的是加速这种增长，其中外国直接投资是可以在其中扮演非常重要的角色的。譬如说，像孟加拉国这样的国家，我们非常希望可以获得中国的直接投资。我认为，中国可能也希望能够增加这样的海外投资，利用这些国家的比较优势从中获取更多的利益。也就是说，中国对像孟加拉国这样的国家增加海外直接投资，最终对两个国家而言，会是双赢的。

另外，我想提一下城镇化问题。尽管中国也处于快速城市化发展进程中，但我认为中国在管控城镇化过程方面，做得非常好。中国在快速建设城市基础设施方面取得了巨大成就，积累了丰富经验；中国在维护城市基础设施方面，也做得非常好；中国在城市服务业发展方面，也很成功。总之，中国可以在这些方面为新兴市场和发展中国家提供很好的经验与帮助，因为新兴市场和发展中国家目前都处于快速推进的城镇化进程之中。

托莱多总统刚才还谈到了教育问题。我非常赞同他的观点，教育是最好的减贫方式，也有助于减少不平等。中国在这方面是一个领军国，可以给其他新兴市场国家包括东南亚国家提供知识，也可以给这些国家提供一定的技术援助，帮助这些国家发展教育事业，以便让更多的人能够享受到教育福利，受惠于教育所带来的收益。

尊敬的各位嘉宾，女士们、先生们，我非常期待接下来的两天的会议发言。我相信这个论坛将为我们提供一个清晰的路线图，以加强和促进中国与其他新兴市场国家之间的密切合作。我非常希望我们能够尽快地再次在北京相聚。谢谢大家！

学好中国经验，讲好非洲故事

肯尼亚前总理　拉伊拉·奥廷加

各位同事，各位总统、总理阁下，刘川生女士，李小林会长，以及新兴市场论坛的各主办方，所有参与论坛组织和准备工作的朋友们，尊敬的各位嘉宾，女士们、先生们：

我非常高兴能够有这样一个好机会参加这次论坛。我想利用这样一个机会跟大家简单地分享一下我对新兴市场的总体想法。

我想首先介绍一下非洲的发展近况。我们非洲拥有广袤的土地，具有悠久的历史，只有我们非洲人才更加了解自己，其他人是不太清楚的，因此非洲的故事应该由非洲人民来写，非洲的故事只能由我们自己来表达。其他的媒体，像 CNN、VOA 等，它们可能更加关注艾滋病的问题、非洲的冲突问题，还有种族之间的战争问题、贫穷的问题，等等。从这样的报道中，我们看不到任何关于非洲的正面消息。因此，新兴市场国家，要自己发出自己的声音，其他人是不会代表我们发出我们的声音的。

简单地讲，这些国家或地区过去比较穷，不怎么好，现在开始发展了，现在开始崛起了，这就是所谓的"新兴"的意思。也就是说，其他人过去都比你强，现在你开始慢慢地发展起来了，慢慢地成长起来了，是一个关于新兴的崛起的故事。除了故事本身以外，谁来讲这个故事也很重要。我认为这个故事应该由我们自己来讲，而不是由其他人来讲。所以，我今天非常高兴地来到中国，非常高兴地向大家讲述关于非洲发展的故事。

非洲大陆有着世界上最多的发展中国家。我们十分强烈地意识到，我们应该加强与中国以及其他新兴市场国家之间的合作，因为这样的合作是互利共赢的。毫无疑问，我们可以从中国的经验中获益，因为中国在非常短的时间内使几亿人摆脱了贫困，这对于其他国家来说具有巨大的积极意义。

南南合作可以带来新的机会，这个机会来自于相互学习的过程之中，来自于援助项目的执行，来自于我们之间的贸易合作。对于新兴市场发展而言，中国将会继续成为非常重要的促进力量，尤其是在基础设施建设方面。目前非洲正处于非常重大的变革与变化过程中，非洲经济在增长，贫困在不断地减少，最基础的社会服务和人类发展程度在提升，各个领域都在不断取得进步。

今天，每10个新兴经济体中就有6个来自于非洲。我们在未来还将继续得到发展，我们也将继续学习中国的发展经验。非洲和中国其实面临着许多共同的问题和挑战，比如说，我们都要想办法让更多的人摆脱贫困，我们都要想办法解决不平等的问题和环境问题。

以人口而言，非洲是非常年轻的。目前，非洲的年轻人数量还在不断增加，这就意味着我们应该不断地创造更多的就业机会。以肯尼亚为例，我们人口的平均年龄，要比欧洲或者是北美国家要小许多。

但是，非洲的经济增长并没有带来足够的就业机会。国际劳工组织认为，非洲每年需要创造 1 800 多万个新的就业机会，才能够比较好地解决非洲的就业问题。非洲需要在人口红利中获得实际利益，非洲的年轻人应该是非洲发展的福音，而不是诅咒。如果年轻人不能获得实际利益，如果青少年变成罪犯，或者更多的青少年使用毒品，他们就不会成为经济增长的动力。因此，我们急迫地需要为青年人的发展投资，为其提供培训机会和专业技能。

人的生存与发展不能离开土地，因此农业发展对于减贫和粮食安全都非常关键。我们也需要学习中国在这个方面的成功经验。我们的农业可以获益于中国对于非洲农业的投资，中国也可以为我们提供农产品生产以及在食品加工业发展方面的成功经验。目前，非洲的农业发展受自然灾害的影响仍然较大，而且农产品的市场价格波动也比较大。

从贸易来看，目前中国和非洲之间的贸易主要是原材料贸易，其中原油依然是中国从非洲进口的最重要的商品之一。制造业对于非洲 GDP 的贡献目前是 12%—14%，而且非洲的制造业在世界制造业价值链中处于最低的一环。非洲在这方面也可以学习中国的经验，建立出口导向的制造业。同时，也可以利用其特殊的地理位置，促进中国和其他新兴市场国家之间的合作。很显然，中国现在已经不再是世界的廉价工厂了，非洲则可以向中国看齐，这也需要非洲和中国之间进一步加强合作。其中的一个重要方面是，非洲需要有力的国家政策，包括促进基础设施建设和促进科技发展的国家政策等。

中国教育也在不断崛起。刚才我们也听到，习近平主席在9月访美的时候，宣布了中国将用20亿的援非基金为非洲解决一些具体问题，包括向非洲派遣5 000多位专家。中国正在不断地增加对外援助方面的投资，我们尤其注意到中国对南南合作特别重视，并且愿意与其他发展中国家分享中国的资源和专业技能，这是发展中国家之间进行合作的一个良好的发展方向。

在习主席的提议与倡导下，中国已经启动了亚洲基础设施投资银行的组建工作，其资金将主要用在中亚、南亚等地区，帮助发展中国家进行基础设施建设。同时，中国、巴西、俄罗斯、印度、南非联合成立了金砖国家开发银行，总部设在上海。中国国家开发银行和中国进出口银行也将进一步拓宽在发展中国家的投资领域，将为更多的发展项目提供资金支持。

我们也注意到，习主席宣布中国将加大对发展中国家的投资力度，对600多个农业项目和贸易促进项目进行投资等。同时，他还宣布会取消一些最不发达国家的债务。这些对于非洲而言，都是非常必要的，也是很好的措施。

一方面，非洲是世界上资源最富饶的地方；另一方面，非洲也是世界上最贫困的地方。因此，我们必须要改变这种悖论现状。20年之后，非洲的贸易额将会从10万亿（美元）增加到20万亿（美元）。我们有很大潜力。比如说，由于基础设施缺乏，非洲内部的贸易只占其总贸易的5%，我们需要有更多的非洲内部贸易。

鉴于此，我们必须加快基础设施建设步伐，与其他国家一起，尤其是要与中国密切合作，促进我们的基础设施建设。比如说，在我们肯尼亚，就有一个项目，我们称这个项目为拉普赛特走廊项目（LAPSSET Corridor Project），是南苏丹和肯尼亚之间的走廊。我们将会把南苏丹和肯尼亚的拉穆港（Lamu Port）连接起来，同时建一条运河经过刚果、中非、喀麦隆，把大西洋和印度洋连接起来，我们在两个大洋中间建立起一座大陆桥，以便于货物贸易与流通。我们很愿意与中国在个项目上进行合作，使我们的设想和计划尽快变成现实。

最后，我还是回到关于非洲大陆的故事上来。我们听过关于亚洲"四小龙"的故事，亚洲"四小龙"已经在世界舞台上翩翩起舞很久了。现在是我们讲述非洲故事的时候了。非洲已经觉醒了：从肯尼亚到刚果、尼日利亚，再继续向西、向南，还有在西边的阿特拉斯山脉和乞力马扎罗山，非洲人在努力地寻找钻石、矿物、铜、石油等，人民也在开拓荒地，修建道路，建设工厂。我们愿意和你们一起合作，把所有的这些财宝加上非洲人民的勤劳，最终转化成为非洲的繁荣与幸福。这就是非洲大陆对于亚洲"四小龙"和中国这条巨龙所要传递的信息。

谢谢！

中亚与中国能源合作：潜力巨大、前景广阔

吉尔吉斯斯坦前总理　卓奥玛尔特·奥托尔巴耶夫

尊敬的中国人民对外友好协会会长李小林女士，尊敬的北京师范大学党委书记刘川生女士，各位总统、总理阁下，各位尊贵的来宾，女士们，先生们，朋友们：

首先，我对这次论坛的成功召开表示衷心的祝贺。我要祝贺我们的东道主，中国人民对外友好协会和北京师范大学，你们组织的这次会议非常成功。我们今天在北京召开的这次会议非常重要，因为中国是世界上最大的新兴市场国家，所以今天的这个论坛也就成为全球瞩目的重要论坛。我要向我们所有人祝贺。大家已经听到了，21 世纪将会成为亚洲的世纪，中国、中国的经济将会在其中发挥至关重要的作用。当然，我们都要非常努力地为实现这个目标而奋斗。

中国是我们的邻国，我们对于中国经济的进一步增长寄予厚望。从 1997 年开始，我就不断地来中国，几乎每年都要来两次，

因为我们是邻国，而中国又是这个地区的经济增长源头，我每次来都会看到许多积极的变化。

首先，我想要说的是，我们是你们的邻居，我们为你们而感到高兴，为你们而骄傲，我们看到中国的变化，从内心深处充满了骄傲。各位朋友，女士们、先生们，我要强调，"2015北京新兴市场论坛"的召开非常适时，有两个原因直接与此论坛的内容相关：一是两年前习主席宣布了中国将设立一项基金来帮助发展中国家加强基础设施建设，并且提出了"一带一路"倡议，这项倡议将会涵盖中亚、东南亚、欧洲、中东等广大地区。二是中国主持组建的亚洲基础设施投资银行，目前已有50多个国家加入，我们国家也是这个银行的成员国之一，我为此感到非常骄傲。

其次，我想清楚地表述一个非常重要的基本事实，那就是我们是一个内陆国家，而内陆国家与沿海国家有不同的思维方式，很多国家不理解我们这种思维方式。因为是内陆国家，我们就特别需要向外的渠道，以便我们可以进行对外贸易与交流。但是，由于内陆国家没有出海口，我们实际上很难做到这一点。因此，我们就特别希望建立起一条走廊，把我们的国家和世界上其他的国家联系起来，使我们与其他国家进行友好的沟通与贸易往来。

正是因为我们长期以来都有这样一种想法，因此我们非常愿意和中国的"一带一路"倡议联系起来，也就是把中亚和外界联系起来了，建立起高效的连接，我们是中国这一重要倡议的直接受益者之一。另一方面，我也要指出，印度、巴基斯坦、上海合作组织，对这个倡议也具有重要意义，可以为实施这一倡议提供非常大的帮助。伊朗也已经不再犹豫了。我们将看到，中亚所有的道路都会相互连接起来，现代能源和交通走廊也将会连接起来。

女士们、先生们，可能你们已经知道，我们中亚现正致力于建设"欧亚经济共同体"。我们现在基本上已经构建起了这样一个共同体市场，涵盖 1.8 亿消费者。我们希望对外以一个一体化的整体形象出现，所以我们对"一带一路"持积极支持的态度，这样我们就会受益于两项重要的制度措施，即"欧亚经济共同体"和"一带一路"，而且两者是相容的。

很显然，中亚需要很多基础设施投资，这实际上对于中国也是非常有益的，至少对于促进中国短期经济发展是有好处的。托莱多总统已经讲过了，在从现在到 2050 年的 35 年间，拉美有条件做到绿色发展。我们中亚也会采取有效措施，做到绿色发展。

但我们同时也知道，在未来的 35 年间，我们对像石油、天然气这样的资源，仍然会有比较强的依赖。中国目前的能源进口占其能源总消费的 66%，其中一半是通过海路从中东运来的。中国将来的原油和天然气供应将会更多地来源于中亚地区。如果中国经济增长继续保持目前的增速的话，到 2020 年，中国将会有 28% 的能源缺口。如果中亚能够成为中国能源消费的重要来源的话，中国 2020 年能源需求中的 17% 将因此而得到满足；到 2030年，中国所有的能源需求缺口都可以从中亚地区得到满足。在目前的中国能源进口结构中，只有 8%—10% 来自于中亚，因此中亚和中国在能源方面的合作还有很大潜力。

各位尊敬的总统、总理阁下，尊敬的来宾，女士们、先生们，我最后想要说的是，我非常荣幸能有机会向你们讲这样一些话，我非常期待继续参与今天下午和明天的讨论。我来到这里的目的，是为了参加高质量的沟通和讨论，不是为了来享受这里的招待，而是为了更好的学习。我非常高兴能够遇到这么多高级别的政治家、学者、专家，商界和媒体界的朋友，期待着与你们在这两天进行高质量的讨论。只要我们不断地改进我们的各项工作，我们就会迎来新兴市场论坛和新兴市场今后更加美好、繁荣的未来。

谢谢！

新的世界，新的国际货币体系

国际货币基金组织前总裁　米歇尔·康德苏

各位总统、总理阁下，尊敬的各位来宾、各位朋友：

我在长期的工作中已经认识了在座的一些朋友。我非常荣幸、非常高兴能够来到人民大会堂。我们将会进行非常高质量的对话和交流。今天晚宴时，我们将会庆祝北京师范大学"南南合作研究中心"的成立，当然这是我们晚宴时要做的事情，但这让我们现在的讨论得以聚焦。我们也非常积极地展望未来30年会是什么样的，以及30年以后更长久的未来会是什么样的，即将成立的"南南合作研究中心"可能会在这方面发挥非常重要的作用。我们应该、也可以为国际社会提供新的视角与观点。我们的论坛不可取代，这是国际货币体系中非常重要的一部分。

大家知道，我们之前也经历过一些危机，比如说金融危机，未来可能也会出现一些其他的危机。在思考未来时，我一直在考虑一些最重要的问题，比如说托莱多总统刚才讲到的高质量的教育问题，还有水的问题和环境问题。除此之外，国际货币系统的稳定也非常重要，今天我想谈三点看法：

第一点非常简单，但也是个提醒：国际货币体系的稳定有利于全世界，它正逐渐地变得越来越重要，尤其是在国际金融危机发生之后。国际货币体系及其稳定性对每个国家都很重要，但对于那些主要国家尤其重要。当然，每个国家，尤其是像中国这样的国家，应该特别小心、非常审慎地考虑其国际责任以及其国内利益是否与全球利益相匹配的问题。我之前也在北京、广东、上海参加会议，这些会议都已经说明了这个问题是非常重要的，中国也非常关注这一问题。

第二点我想说的是，中国政府以及学术界对这个问题的关注。在过去的30多年间，中国的发展经验是独一无二的。这个独特性主要体现在两个方面：第一个方面，大家之前已经提到了很多，比如说中国经济的快速发展，中国非常成功的改革经验。中国成功的经济政策使得中国的经济发展前所未有，过去的30多年，中国确实非常成功，而这个成功毫无疑问得益于中国政府的领导和中国人民的努力，他们共同地克服了很多困难。

第二个方面，在过去的几十年中，在外部环境不断发生变化的情况下，中国展现了非常了不起的能力和意愿，致力于维护国际资本市场稳定，在这个方面做出了很多的努力。2005年以来，人民币汇率变得非常透明，汇率的管理也非常透明，且非常稳定。最近人民币国际化的步伐明显提速了，但也非常稳定。

如果我们再往前看的话，我还必须提到一些事情：1997年亚洲金融危机爆发时，我非常赞赏中国政府当时的镇定，他们拒绝了当时一些外国顾问的建议，没有让人民币贬值，对稳定当时的汇率起到了重要积极的作用。与此相似的是，2008年国际金融危机爆发时，中国也成功地实行了十分稳健的汇率政策。中国领导人充满了自信，他们对于整个国际金融市场的稳定做出了重要贡献。还有，在欧元危机的时候，中国政府同样非常镇定。中国的决策者非常支持欧洲各国解决欧元危机的决定。因此，总体说来，在过去的许多年间，中国的经济政策一直非常稳定，而且致力于维护全球利益，努力保持全球货币体系的稳定。中国在促进国际货币体系的稳定方面，有着非常成功的历史和经验。

那么在未来，它将扮演什么样的角色呢？现在有一些观点已经成型了：在一个新的货币体系中，在一个真正的全球货币体系中，中国以及人民币将会发挥非常重要的作用。人民币将会越来越重要，而且这个新的货币体系将会包括人民币在内，它将基于中国与其他主要国家之间的合作而构建起来，同时国际货币基金组织也将进行相应的深刻改革。作为一个非常重要的机构，国际货币基金组织在治理方面将会进行大幅度的改革，只有这样，才能够很好地适应新世界和新体系的需求。当然，这可能需要我们做大量的工作。我们的基本考虑是，如果不进行改革，任目前的形势继续下去，会有很大的风险。因此我们要尽快地采取行动，如果我们不采取行动的话，这将是一种不负责任的态度。

我最后要讲的一点是，我们的改革设计需要一些好的想法，我们要为了世界共同的利益而努力。我们不能让目前不可持续的国际货币体系继续下去了。我们需要一些愿景，正如刚才托莱多总统所讲的那样，我们需要新的体系。

大家可能还记得，在过去的20年中，有一些建议没有被采纳，但是现在我们必须要意识到，正因为如此，风险已经越来大了，我们一定要做出一些变革。我们要对世界银行和国际货币基金组织进行改革，时代要求我们必须要采取一些新的倡议和新的措施，而且我们也要给政府提供一些建议，怎么样进行一些初步的改革，能够保证形成新的体系，我们需要各个成员国之间达成共识。只有这样，我们的改革才能成功。

在我的脑海中，成功就意味着国际货币基金组织的改革，就是世界经济体系的改革。我们要实现我们的愿景，使国际货币基金组织真正成为全球的央行。今天下午，我会更详细地介绍这个改革目标以及通过采取什么样的措施来实现这个目标的问题。

谢谢！

改革户籍制度，促进中国
经济持续快速增长

中国社会科学院副院长　蔡昉

　　大家上午好！今天我想借这个机会谈一个话题，就是如何让中国的城镇化进程不可逆转。

　　我们知道，城镇化既是经济社会发展的结果，也是推动经济增长和社会发展的动力，还是分享型经济发展的载体，因此我们当然不希望城镇化发生逆转。从中国目前的情况来看，这个话题是有意义的。

　　目前中国的城镇化率已经达到了54%。因为今天有很多外宾在这里，因此我想先说一下中国是如何定义城镇化的。中国定义城镇化是按照常住人口来计算的，也就是说你在什么地方住6个月或更久，你就算是什么地方的人了。因此如果你在城镇住了6个月或者更久，你就被统计为城市人口了。因此按照这个定义，我们的城镇化率现在是54%。但是中国还有一个特殊的现象，即户籍制度。也许你在城镇打工、在城镇居住，但是如果你的户口还是在农村的话，那么你的身份仍然是农民，我们把他们叫作"农民工"。按照后者来计算，即按照户籍来计算，我们中国的城镇化率现在只有38%。因此，现实的城镇化和户籍的城镇化两者之间还有巨大的差距。

农民工对中国的城镇化是做出了巨大的贡献的。比如说，目前我们城镇全部就业人口中大概40%是农民工，每年新增的城镇就业人口几乎都是农民工。因此，在过去的10年里，中国的城镇化，大概有25%是由农民工做出的贡献，也就是说在我们的城镇人口比重提高的过程中，其中有25%来自于农民工进城。

过去30多年，中国是全世界有史以来城镇化速度最快的国家，这是我进行比较研究后得出的结果。但是这样的速度在今后的10—20年不太可能维持了：我们的城镇化速度在世界范围内还会是比较快的，但不会有过去那样快的速度了，一定会降下来。

这有几个原因，最重要的原因就是我刚才说的，城镇化是靠农民工进城推动的。如果农民工进城的速度下降了，城镇化速度一定也会下降。

城镇化进程的速度是由什么决定呢？第一个是由农村要进城的人口的数量和增长速度决定的。那么，这些人是什么人呢？其实不是那些正在务农的老农民，他们不会转出来，老农民中的大多数，甚至会退回去。真正想进城的是谁呢？当然是年轻的学生，也就是初中和高中毕业的学生。因此，16—19岁这个年龄段的农村人口是未来进城的主力军。

我们对这部分人做过分析和判断，无论是按照农村常住人口的口径来看，还是按照农业户口的口径来看，农村16—19岁的人口在去年（2014 年）已经到达了峰值，今年开始两者都是负增长的，今后也将是负增长的。既然主要的进城人口数目已经开始负增长了，我们就能够想象农民工外出的速度一定是减慢的，甚至是停滞的。

实际上，我们可以看到每年农民工外出的增长速度，2005—2010 年之间每年是 4%，去年降到 1.3%，今年上半年只有 0.1%，我们可以从中看到人口的变化导致了劳动力外出的变化，劳动力外出的变化可能会影响我们未来的城镇化速度。

刚才已经提到了中国的城镇化有两个指标，一个是按照常住人口统计的，另一个是按照户籍人口统计的。这两个指标之间的差别，就是我们的中国特色，就是这个户籍制度带来的。也就是说，54% 与 38% 之间的 16 个百分点的差别基本上就是农民工造成的，目前是 1.7 亿人。这 1.7 亿人已经转移了他们的岗位，他们实现了城镇就业，甚至很多人已经在城镇待了很多年。

但是他们仍然有一些不同于城镇劳动力的特点。他们不能享受到均等的城镇公共服务，没有社会保障，没有预期的养老，他们的孩子进入中国城市的义务教育系统还有一定的困难。所有的这些因素导致了他们的劳动力供给是不稳定的。那么在这个年龄段，16—19 岁，他们会说："我不仅要打工，挣钱，我还要去见见世界。"因此他们愿意到城市里来。

但是，随着年龄的增长，一般来说，40 岁以后不再外出打工的可能性明显提高。那么未来城镇化的速度靠什么？靠的是年轻的农民工和 40 岁以后的农民工两者的人数和比重。

现在数据显示，在 2008 年到 2014 年间，农民工中年龄偏低的人群，他们的数量和比重都在下降。年龄偏大的，40 岁以上的人群的比重明显提高。比如说，40 岁以上的农民工占比从 2008 年的 30% 提高到了 2014 年的 43.5%。同期，16—20 岁这部分农民工的比重从 2008 年的 11%，降到了去年（2014 年）的 3.5%。从具体的人数来看，2014 年在城镇的农民工中，16—20 岁的人群有 1 400 万，这些人刚刚转进来，还有意愿待下去。但是，那些可能想回去的人，也就是说 40 岁到 45 岁的这个人群，目前有 2 700 万，也就是说想回去的人的数量是大于想进来的人的数量的。事实上，我们已经出现了很多年龄大一些的农民工返乡的现象。这就涉及我前面说到的城镇化过程可能会逆转。为什么呢？

我们知道，城镇化的含义是人们从劳动生产率低的部门，即从农业生产率低的地区、从中西部地区，转向劳动生产率更高的部门和地区。这种转移带来的资源的重新配置，可以提高生产率。这种生产率成为中国经济增长的重要组成部分。与此同时，劳动力的增长、人力资本的转变，同样促进了中国的经济增长。

这个过程，我们按照发展经济学家库兹涅茨（Simon Kuznets）所说的，是产业结构转变带来的效率，也就是经济增长的过程。现在这个趋势，如果农民工不能解决身份的话，到了 40 岁以后就要回去，回去的人比进来的人多的话，就会出现逆库兹涅茨的过程，就是说与库兹涅茨资源效率改善过程相悖的过程，就是说在经济增长减速之后，会加上一个更进一步的下降的因素，这个因素应该尽量避免。

如何防止城镇化过程发生逆转，现在我们提出了一个概念，叫作新型城镇化。这个中国特色的新型城镇化的核心是以人为本，再具体一点地说，就是农民工的市民化。也就是说，农民工得到市民的户口，成为真正的市民，享受到均等的就业服务和社会保障，这是核心。习近平总书记的具体说法是，要让转移的人口进得来、住得下、容得进，能就业和创业。这些因素和目标达到了，就实现了农民工的市民化目标，也就是说实现了以人为核心的新型城镇化。大家可以自然地想象，新型城镇化必须进行户籍制度改革。

中国经济增速已经降下来了，到第三季度为止，我们的经济增长率是 6.9%，与过去的两位数的增长率相比，降了很多。这就是我们的潜在增长率，我们要适应这样的适度减速。但是，潜在增长率不是我们的命运，不是我们的宿命，我们不是说到这里为止了。我们未来将维持中高速的经济增长，这种增长还有来源，就是改革红利。

户籍制度改革是改革红利中非常重要的一个部分，也是非常显著的部分，我称之为"立竿见影""一石三鸟"。我们的测算表明，户籍制度改革能够使未来的潜在增长率提高 1—2 个百分点。也就是说，未来即使我们的潜在增长率维持在 6%，如果户籍制度充分得到改革，可以增加 1 个百分点，甚至更多，这是完全可能的。当然，这是纯理论上的东西，实际上需要我们通过推进改革使其变成现实。我讲的这个"一石三鸟"的改革，至少能对中国经济增长带来两项明显的效果。

第一，增加劳动力供给。我们的增长速度下滑很大，一部分是因为我们人口红利的消失，劳动力短缺、工资上涨、成本提高。那么，农民工是未来几乎唯一的劳动力供给来源，稳定住了农民工，让他们 40 岁以后还在城里待着，那么劳动力供给就增加了。

第二，提供更好的制度条件，使其能够从生产率低的地区和部门转向生产率更高的地区和部门，那么资源重新配置的效率、生产率提高的效果就会继续显现。我们有 1.7 亿的进城农民工，在此之外还有 1 亿在农村当地乡镇从事非农产业的农民工，加起来有 2.7 亿。如果这部分人改变了他们的身份和消费模式，像城里人一样消费，我们可以想象，内需会提高不少。

因此，改革的效果会非常明显。那么，我们如何推进户籍制度改革呢？简而言之，第一，要认准户籍制度改革是必须推进的，不管这是否符合理想模式，这是应对当前中国经济挑战必须要做的事情，因此要下定政治决心。第二，我们要有政治智慧推进这个改革。现在大家看到，改革好像还没有及时地推进，原因在于能够直接推动改革的地方政府，不知道谁应该支付改革的成本，谁能够得到改革的收益。

我前面说了，户籍制度改革可以带来改革红利，表现为一到两个百分点的潜在增长率，但是这个改革红利，不是被每一个地方政府均等得到的。而户籍制度改革又的确是有成本的，而且这个成本要由每一个地方政府去具体地支出。因此，我们发现户籍制度改革就像其他所有的改革事业一样，是一项公共产品，具有外部性，而在这种情况下，中央政府应该看到巨大的改革红利，因此它要出来买单。一句话，就是要让户籍制度改革的成本能够在中央政府和地方政府之间，能够在社会、企业、个人之间合理地分担。同时，让潜在的改革红利能够预先有确定的期望值，能够在各个群体之间合理地分享。只有这样才有可能实质性地推进户籍制度改革，使库兹涅茨过程得以继续，保持中国未来高速的经济增长。

拉丁美洲：加快转变经济增长模式

拉丁美洲开发银行行长　恩里克·加西亚

非常荣幸来北京参加这次论坛。刚才的发言都非常精彩，而且讨论的也都是一些重点问题。

首先要感谢我们的主办方非常成功地组织了这样一个论坛！毋庸置疑，在目前的情况下，通过这样一个论坛去反思和分析世界上的经济和社会发展情况，同时共同讨论世界各地地缘政治的问题，是很好的，很有必要的。现在的世界和以前相比，有很大的不同。我记得第一次来中国是 20 世纪 70 年代末，当时我还很年轻。那个时候，我们只是希望能够重新建立与中国之间的外交关系。我们在 80 年代的时候又回来了，代表我们的社会经济团体和政府代表团。从那以后，我几乎每年都来中国。

我可以告诉大家，我们所看到的中国的变化，是惊天动地的，而且，这个国家的变化对世界各地而言，都具有牵一发而动全身的影响力。我们也看到，这个国家还在不断地发生变化。中国一直是拉丁美洲非常好的合作伙伴，尤其是在过去的 20 年中，中国是拉美地区成功的因素之一，正是因为有了与中国比较密切的经济关系，所以拉丁美洲前些年的宏观经济发展比较稳定，也承受住了金融危机的冲击。也正是因为与中国建立起了比较好的伙伴关系，我们现在也能够很好应对世界的各种变化。而中国也成为世界贸易中的关键国家，在金融和直接投资方面也都是拉美地区非常重要的合作伙伴。正如托莱多总统刚才所讲的，我们不能自满，我们不仅要看到过去的成功，更要多多考虑未来发展。

在过去的 15 年中，毋庸置疑，拉丁美洲是非常成功的，其增长速度比较适中，平均增速为 5%。当然，比起中国和亚洲的增长速度，也许算不了什么，但对于拉丁美洲而言，却是相当高的增长了，而且其间的通胀也比较低，更重要的是贫困人口数量得以大幅减少。

另外，我们现在出现了新的中产阶级，他们已经进入了世界的视线，这将有利于继续拉动拉丁美洲的经济增长。当然，我们不能因此而自满。我们现在也面临着一些短期的问题，其中的一些问题，其他地方也是存在的，都还没有解决。

如果我们大致预测一下拉丁美洲的未来的话，大多数的预测都显示，拉丁美洲在未来几年的经济增长速度大约为 3%。

很显然，如果只有 3% 的增长，我们既满足不了中产阶级新的需求，更追赶不上那些工业国家。根据预测，如果拉丁美洲希望用二三十年的时间赶上工业国家，其年均经济增长率即使达到 5%，也是不够的，不管是什么类型的增长。所以我们面临着巨大的压力和挑战。

那我们该怎么办呢？我认为应该像亚洲国家那样，把几个因素综合起来考虑：

第一，保持市场的稳定。如果市场的稳定被打破，增长的均衡性就会有问题。

第二，从传统的增长模式转型到新型的增长模式。包括从原材料出口驱动模式、低工资驱动模式转向科技驱动、孵化器驱动、教育驱动的增长模式，就像托莱多总统所说的那样。

第三，我们不仅要有高速的增长，还要有包容性的增长。要给所有公民创造创业的机会、致富的机会、发展的机会。

第四，我们要充分重视环境保护和可持续发展。目前拉丁美洲 GDP 中的 20% 来自这方面，其发展势头和前景继续被看好。

另外，中国和拉丁美洲必须要持续加强伙伴关系，这是个非常关键的问题。拉丁美洲不仅应该出口原材料，还要提高生产效率，这有赖于我们与中国建立起更加具有战略意义的伙伴关系，这非常具有挑战性。

我希望在接下来的讨论中，我们会有更多的机会讨论这些问题。

我们拉丁美洲开发银行是新兴市场国家中的成功典范：我们是唯一一个传统的、由拉丁美洲国家主导的开发银行，有 20 个成员国，是真正的发展中国家所拥有的开发银行。20 年前我们非常小，但是我们现在的发展模式和运作规模基本上可以和世界银行相比较了。我们和中国的进出口银行以及国家开发银行都建立起了非常好的关系，我们希望进一步加强我们之间的关系。

刚才我们提到，基础设施建设对于拉丁美洲来说非常关键，目前我们只把 GDP 的 3% 用于基础设施建设，我们希望这个数字能够尽快地翻番，这一点非常重要。我们将致力于机制建设，通过信托基金等多种方式更加深入地与中国合作。

最后，我要再次对主办方表示最热烈的祝贺！我们这次论坛非常重要！谢谢大家！

中国与新兴市场国家面临的长期挑战

日本国际协力银行行长　渡边博史

女士们、先生们、阁下们：

早上好！非常感谢中方的主办方中国人民对外友好协会和北京师范大学！

现在正值金秋时节，我非常高兴能够再次来到北京，来到中国。1949 年新中国成立，我也是在 1949 年出生的。

2015 年的 10 月显得非常重要，因为目前的世界经济充满了很多不确定性和不稳定性，每个人都在密切地关注美国美联储会怎样做，中国会怎样做，以及中国今年的经济增长结果是什么样的，这对于世界经济来讲非常关键。

中国最近将宣布新的举措，而我们今天和明天将进行关于中国与全球经济、新兴市场经济发展情况的讨论。我们此次论坛的主题是"中国与新兴市场"，也就是说是中国和新兴市场之间的联系，中国与新兴市场之间的合作。中国在世界经济和世界市场中的地位非常重要，中国的人口占到世界总人口的 20%，GDP 增量占到了世界的 50%。中国现在的 GDP 占世界的 15%，在世界经济中已经非常重要了；以后还会继续增加，会稳定在 20% 左右。

在东盟国家中，只有一个国家占到了中国 GDP 的 15%，有的东盟国家只占中国经济的 1% 或者是 5%，这也说明了新兴市场的未来发展方向和中国密切相关。

我们今天用于讨论的时间不长，我想谈一谈中国与新兴市场国家所面临的长期挑战。

第一，中国作为一个庞大的经济体，如何在经济快速发展过程中与周边国家和区域保持良好的联系。这关系到自然资源、劳动力等的有效配置问题，即便中国能够做到自给自足，也应该和邻国保持良好的联系，与东南亚和全球经济保持密切联系和良好的协作关系至关重要。中国在全球经济中应扮演好自己的角色。

第二，中国如何解决好快速老龄化的社会问题。在一些发达国家，比如说欧洲和日本都面临着老龄化社会的问题，中国近年来也开始面临老龄化问题，如何应对这一挑战呢？有些国家现在有很多的年轻人，但是几十年后他们也会面临同样的老龄化问题。所以，新兴经济体中像中国这样的国家，如果能够在解决老龄化问题方面提供一个好的示范，让老人都能够享受到体面的生活，对其他新兴市场国家是有借鉴意义的。

第三，如何实现包容性增长，是一个关键的问题。我也希望中国能够在这方面起到好的示范作用。这个问题也跟老龄化问题密切相关，因为为了能够解决好老龄化问题，就需要有强大的经济基础，政府和人民都要有比较好的经济收入，因为需要维持医疗体系的良好运行。而且，收入分配也应该合理，不能差距太大。

第四，保护环境和发展有利于环境保护的行业，对每个国家来说都非常重要，我认为中国在这个方面也可以起到很好的示范作用。保持经济的发展和环境保护之间达到一个良好的平衡，这对于其他新兴经济体而言，也非常重要。

最后，也是一个非常重要的问题。到目前为止，中国在工业化方面取得了巨大进展。但是，由于现在的人和计算机、人和机器人之间存在着越来越大的竞争关系，因此经济增长并不一定带来就业增长。如何平衡好这两者之间的关系，以及如何发展农业和服务业，这些也是非常重要的挑战。我个人认为，制造业将逐步由机器人所主导，那么中国如何解决这个问题呢？这对于其他新兴市场国家，也会有重要的借鉴意义。如果中国在这方面不能做出好的示范，很多新兴市场国家很可能会走上另外一条与中国不同的工业化道路。

在今天和明天的讨论中，会有非常精彩的发言。我们的讨论不仅仅只是关于 5 年后的问题，我们的讨论也会涉及 20 年、30 年后的问题，这对中国和其他新兴市场国家乃至和全球的关系都非常密切，也十分重要。谢谢大家！

中国与新兴市场的新常态、新挑战与新机遇

新兴市场未来发展面临的新现实：老龄化、城市化、全球化

美国新兴市场论坛执行主席　哈瑞尔达·考利

女士们，先生们，大家下午好！欢迎大家参加今天下午的研讨会，我是今天下午的主持人。我们这一节探讨的是世界的新常态、新挑战、新机会。今天我们的研讨会比较具有挑战性，但是我们的嘉宾也是重量级的。他们来自世界不同的国家，在参与决策方面、领导国家方面有着丰富的经验，另外也有来自于世界各国，包括中国的学者和专家。

接下来，我简单介绍一下我们的嘉宾。第一位是亚历杭德罗·托莱多总统，他出生在秘鲁。他有 16 个兄弟姐妹，他出身于秘鲁一个非常贫困的家庭，但是他们最终战胜了这种极端贫困，而且就像奇迹，他上了美国最好的大学之一——斯坦福大学，后来又到哈佛大学做研究。我之前也在哈佛学习，但是我没有获得博士学位，因为我不像他那么聪明。他后来成了秘鲁的总

统，现在他在斯坦福大学任教，所以我不知道他该算是政治家还是学者。

其他的嘉宾们包括：张维为教授，他是复旦大学中国研究中心的主任，复旦大学是中国最优秀的大学之一。李实教授来自于北京师范大学，他的专业领域是收入分配研究。大家都知道，不仅是在中国，在世界上其他地方，收入不平等也是非常严重的问题。说实话，不仅仅在发展中国家有这个问题，在过去10年中，发达国家的收入分配问题也很严重，包括美国，所以我们今天会听到他在收入分配方面的观点。

另外一位嘉宾是郝福满，他来自于世界银行——我曾工作过很长时间的地方，他将为我们分享世界银行的观点以及他对于世界新常态的看法。

还有一位嘉宾是毛振华教授，他是我的朋友。胜茂夫先生也是一位嘉宾，他是哈萨克斯坦纳扎尔巴耶夫大学的校长，他之前曾是世界银行的副行长。

我们这一时段的议题是新常态、新挑战、新机遇。

首先我跟大家谈一下我的观点。

现在世界经济将进行历史性变革，大概在300年前工业革命开始，发展到今天，传统的发达经济体在全球的比重减小，新兴市场比重加大。通过工业革命，欧洲和美国首先崛起，GDP增长，生产率上升。1700年的时候，亚洲大概占到全球GDP的50%。西方世界的崛起在1954年达到顶峰，此时亚洲的比例已经下降到了只有14%，与过去相比大幅度地下滑。后来日本崛起了，紧接着韩国、新加坡、香港也崛起了，然后是中国大陆的崛起，接下来印度、印度尼西亚也在逐渐地崛起。现在，亚洲、非洲和拉丁美洲的新兴市场国家的 GDP 已经占到了全球 GDP 的 55%。

现在的问题是，过去 60 年新兴市场的发展是否还会继续。我们认为是可以继续下去的，但是并不绝对。我想再强调一下，到 2050 年，新兴市场可能占到全球 GDP 的 2/3。所以，作为一个整体的新兴市场并非已经崛起了，我是说该它们崛起了。从过去一直发展到现在这个阶段，这种新常态是否会出现，是需要我们非常关注的一个问题。

请允许我引用亚历杭德罗·托莱多总统上午的观点。总统先生的大致意思是，世界的变革会改变世界上所有的国家，不管是大的还是小的，不管是发达国家还是发展中国家。世界的变化也会改变我们以及我们的孩子、孩子的孩子，等等。15 年前，世界各国的压力太多地来自人口：除了欧洲，世界上每个地方的人口增长都非常快。当时，人们觉得在发展中国家中，尤其是亚洲和非洲的人口太多了，没有足够的粮食供应，担心人口增长会失控。今天我们生活的情况却是大不相同，除了非洲之外，世界上大部分国家的顾虑是人口老龄化，而且老龄化非常快，尤其是像日本这样的国家。日本的老龄人口在 2015 年底比 20 年前多了 30%。欧洲的人口已经稳定下来了，发达国家只有英国和美国的人口有所增加（不算移民）。也许中国的老龄化有一天会比日本还快。

非洲人口到 2050 年可能会翻一番。从现在到 2050 年，世界 80% 的人口增长会来自于非洲。如果是那样的话，在 2050 年的时候，这增加的 10 亿人口怎么找工作？是他们迁移到其他国家？还是说工作要挪到非洲？这需要社会有包容性。这是我要说的第一个问题，即人口老龄化问题。

　　第二个问题，是城市化问题。60 年前，世界主要是农村人口，尤其是在新兴市场国家，大量的都是农村人口；现在世界几乎一半的人口生活在城市里了。到 2050 年，可能世界上大部分人口都生活在城市地区了。中国和印度的城市人口增长将是最多的，因为拉丁美洲和欧洲的城市人口已经稳定了。现在，新兴市场主要是从农业型社会向工业型社会转型，需要必要的基础设施和必要的服务。到 2050 年，这些地区将生产全球 90% 的 GDP，而 80%—90% 的排放可能也会来自于这些地区。

　　第三个问题，是全球化问题。全球化，包括贸易的全球化是过去 50 年发展过程中的一个大趋势，而且现在依然是主流，是一股巨大的改善生产和竞争的力量，也促进了技术的传播。由于跨太平洋伙伴关系协定（TPP）和美欧双边自由贸易协定（TTIP）的出现，新兴市场国家间也会越来越多地相互竞争。虽然说我们在达成《世贸协定》后的 15 年中遇到了很多贸易全球化方面的困难，但我们现在看到了金融全球化非常明显的趋势，我们将会继续推进全球化的进程。这种全球化，尤其是私人资本全球化将会继续下去，不仅会带来巨大的利益，同时也会带来巨大的挑战和威胁。这需要各个国家合作，采取一些方法来提高韧性，即在资本流动的过程中抵抗外部冲击的韧性和抵抗力。

　　所有这些，都需要发达国家和发展中国家继续交流融合。到 2050 年的时候，新兴市场将会占全球 GDP 的 2/3，会对政府和各经济部门产生各种各样的影响。如果新兴市场国家的人均 GDP 增加，那么就昭示着包括中国在内的发展中国家的大量人口成为中产阶级而不是穷人。我们将会看到中产阶级的爆炸性增长，不仅是绝对数量，还是比例；不仅是在拉丁美洲，同时也在东亚和中亚；不仅是数字的问题，也不仅是消费的问题，还有一些其他维度方面的改变，即他们给社会带来的价值会增加。我想要提醒大家的是，发生在突尼斯和埃及的"阿拉伯之春"，带来了社会动荡。这些动荡没有发生于中东最穷的国家，而是发生于中等收入国家，发生在中等收入人群最多的国家。这些中产阶级，他们有新的价值观和新的理念，他们不能容忍腐败，他们将会形成带来颠覆性变革的重要力量。我们应该对此有所认识。

自然资源使收入增加是另外一个问题。当我们收入提高了，消费水平自然也就提高了，大家就会开始争夺自然资源。这不是一个新问题，而是一个老问题。只要有更快的经济增长，就需要更多的原材料，然后技术又开始提高，这是一个循环的过程。这个问题不仅涉及对能源使用的竞争，还有对铜、铁、黄金、水资源等在使用上的竞争。

我再说一下全球挑战。一个是气候变化的问题，另外一个就是通信革命的问题。十几年前，一家有一部电话就已经非常幸运了，有的时候好几家用一部电话。现在每个人至少有一部电话、一台电脑，有的人甚至有三部电话。现在，人的每一秒钟都是和别人连接着的，昨天我们入住在一家非常现代化的酒店里，电邮发出去只需花一秒钟，但我们还是觉得有点慢，可是就在几年前，我们用的都还是传真，往往需要等几个小时呢。世界和以前不一样了，人们的期望值也越来越高了，这些都是挑战，但这又都是我们的新现实。

下面，请我们的嘉宾发言。请每位嘉宾花5分钟讲一下未来的趋势和解决方案。您先来，亚历杭德罗·托莱多总统。

经济增长的目的在于促进社会发展

秘鲁前总统　亚历杭德罗·托莱多

世界正在经历巨大的变革，这不限于政界。世界变得更加多极化，现在世界上不是由一个国家领导。世界经济也经过了很多起伏，美国、欧洲、中国的经济发展都是如此。

过去，拉丁美洲和非洲有很多问题，包括实施进口替代战略所出现的问题、通胀的问题等。我们从错误中吸取了教训，现在我们基本上学会了在经济上如何管理好我们的国家。具体的实例就是 2008 年、2009 年的金融危机不是由拉丁美洲和非洲所造成的，而是由美林、摩根大通、雷曼兄弟等造成的。

不仅如此，在联系日益紧密的世界中，拉丁美洲的 6 亿人受金融危机的影响不太大，而且我们恢复得比美国、欧洲都要快。经济正在重新构建新的架构，尤其是中国已成为世界贸易和投资的重要主体，不管是在拉丁美洲，还是在非洲，都是这样的。由此我们可以看到，我们相互之间的联系变得更加密切了，在中国发生的任何事情，都会影响到拉丁美洲、非洲和所有的新兴市场国家。

穷人已经不耐烦继续当穷人了，因此我们必须减贫。我们确实也减贫了，当然这也取决于衡量标准。减贫虽有成就，但不平等并没有减少，即使是在美国也没有减少，反而变得更加严重了。拉丁美洲的贫困人口的确是减少了，因为我们已经汲取了这方面的教训。但是，拉丁美洲大陆现在还是世界上最不平等的大陆之一，这也是我们所面临的严峻挑战之一。

只是保持经济稳定增长是不够的。不管经济结构是什么样的，我们必须要有平衡的经济。经济增长并不是我们的目标，而应该只是可持续发展的一条途径。我们要把经济增长的好处公平地进行分配，以减少贫困，增加平等，让人们都能够更加平等地满足于基础服务的需求，包括对水、卫生、保健、教育等的需求，这是我们追求经济增长的原因。我们不能够把贫困再扩散给更多的人，我们需要消除贫困。授人以鱼不如授人以渔。

现在我说一下经济的问题。中国在世界发展中发挥着越来越重要的作用，而且我们也预见到了中国在未来将会发挥更加重要的作用。我希望我们能够共同来应对我们的挑战，让经济增长更加多元化。

我是美洲的土著人，我在我们国家是个与众不同的人，我不愿意我们国家仅仅依靠我们的大宗商品（如矿产）而生活，我们不愿意在国际市场上继续脆弱。我希望中国、新兴市场和这个论坛，可以帮助我们更好地学习怎么样才能让我们的经济更加多元化，而不是让我们的经济更加脆弱化。也许我们可以共同找到一些投资、技术、创新、制造业、附加价值，创造更多的就业机会，给年轻人带来更多的机会。这样的话，我们就能够不断地发展，就能够不那么依赖于大宗商品的销售。

对于中国和拉丁美洲的关系，我们充满信心。尽管我们现在对一些问题还没有答案，但是我可以告诉大家，我已经决定在我的余生，将继续与贫穷作战，和不平等作战，为新闻自由而战，目的就是要建立起强大的民主国家，增强我们的能力，给人们带来实实在在的好处。这是我们共同要面对的挑战。如果我们不关注医疗、营养、高质量的教育，就不能够应对这些挑战。我们的证据已经表明，孩子只有解决了营养不良的问题，才能够健康成长。因此，我们要投资于科技，投资于创新，投资于技术。我们只有发展了最基本的人力资本，才能够成功，才能够改变我们的经济增长方式。我们要让经济增长的好处惠及所有人，解决不平等的问题。让我们更加独立，不管我们是什么样的肤色和出生在什么地方，不管是什么性别，都可以受益于经济的发展。

朋友们，在座的嘉宾都是重量级的嘉宾，所有的听众也都是高水平的，我非常希望大家关注这些问题。在 2008 年、2009 年的时候，在金融危机最严重的时候，拉美国家在军费上有 480 亿美元的支出，这是十分荒唐的，是非常疯狂的。这些钱本可以用于建学校，本可以用于建医院，用于孩子的医疗，可以给下一代带来更加美好的未来。到 2050 年，全球人口将会达到 90 亿，而我们把这么多钱花在军费上，这当然是一个错误。我们的敌人不在我们的疆界以外，我们的敌人就在疆界以内——贫穷和不平等就是我们的敌人。贫穷和不平等给我们的经济增长带来了非常坏的影响。我们需要投资，需要对人进行投资，才能促进经济增长，获得成功。我们不仅要获得经济的增长，而且也要让人们受益于经济的增长。

社会的影响可能会对经济增长带来负面影响。我们只有处理好经济发展与社会发展之间的关系，将经济增长的好处进行重新分配，才能够带来持久的、可持续性的经济增长。

我看中国模式

复旦大学中国研究院院长　张维为

非常感谢主持人先生！我想跟大家分享一下我的看法：到底中国模式是什么。显然中国是新兴市场中的主要国家，很多国家认为中国的发展非常成功，因此我想与大家分享一下我的研究：中国是如何做到这一点的，以及我们面临着什么样的挑战和机会。

去年在一次会议上，我见到一些记者和学者，其中有一位CNN 的主持人，他问我一些问题。他说："张教授，你说西方模式在中国不可行，为什么？为什么其他亚洲国家都采用了西方的发展模式，只有中国是例外呢，为什么会是这样呢？"

于是，我问大会主席可以给我多长时间来回答这个问题，主席说只有一分钟的时间。我说那就是一句话，非常简单——中国的表现之所以比其他亚洲国家都更好，是因为中国模式在发挥作用；虽然中国模式也有一些缺点，但是这个模式非常有竞争力，可以和美国模式竞争。

因此，我认为很有必要利用这个机会向大家简单地介绍一下到底什么是中国模式。从经济上来讲，中国模式是一种混合经济模式，可见的手和不可见的手都发挥作用，也就是说市场和政府联合起来影响经济发展，公共经济和私营经济共存。当然现在我们也在进行改革，改革决心很大，但即便是在目前的这样一个模式下，在目前的这个阶段，中国也是一个没有经历过大的金融危机的国家，而很多其他国家都经历了金融危机。

自从 1994 年中国首次提出有中国特色的社会主义以来，中国没有经历过金融危机。大部分的中国人的生活水平都提高了，而且积累了相当多的财富。

从政治上来看，我们的体制与制度和西方的选举制度是不一样的。我们的体制非常适合中国的国情，我们的 7 个常委在进入最高决策层以前，有非常丰富的经验，都曾经治理过比较大的省份。这是世界上最具竞争力的制度。这个模式我称之为非常积极的互动模式，是国家、个人、社会之间的互动，这对于中国的成功来说非常关键。

中国模式中另一项关键的要素，那就是中国共产党。很多人，包括一些学者，都说中国有经济改革，但是没有政治改革。这并不准确，因为这个问题的陷阱在于你采用了西方模式标准，因此你认为中国没有进行政治改革。我们不这样认为，我们的政治改革一直都在进行中，有政治体制改革，有行政管理改革等。我们改革的目的只有一个，那就是提高人们的生活水平，促进经济发展，从各个方面改善人们的生活。一党执政并不只是现代中国的特点，我一直都在讲，过去千年中国史，都是一党执政的历史。

中国是一个古老的文明国家。过去，我们把很多的诸侯国集聚在一起，形成一个统一的大国，在 2 000 年前我们就是一个大一统的国家，然后我们采用了儒家的思想。在相当长的时间里，中国超过了欧洲。在近代，由于工业革命，中国落后了，但是中国现在正在追赶上来。中国的体制非常适合中国的国情，非常符合中国的利益，是最为理想的模式。多年以来，我们一直是这样的，代表了人民的利益。因此我认为，这是两种政治结构的不同，中国模式的成功也正是得益于这个政治模式。不少西方人比较担心，中国的模式是否在挑战西方的模式，或者说试图取代西方的模式。中国人比较谦虚——我们并不想出口或者是输出我们的这种模式，我们并没有将自己的信仰和习惯强加给其他人。我们很多的想法和做法对于其他国家来说可能确实也是有借鉴意义的。中国模式背后的哲理是实事求是，这是我们最重要的原则。我们一直在不断地实践，我们进行了一些试点，建立了一些实验区，用来测试混合所有制。当我们讨论人权的时候，中国认为最重要的人权就是与贫困作斗争，不断提高人们的生活水平，这是非常关键的。

有一些美国的记者说中国的人权记录非常不好。我想你应该问一下中国人，问问他们对于自己生存状况的评价，到底好还是不好，你就能够得到答案。我想中国很多人会认为，我们的人权状况比过去好多了，中国去年有超过一亿人次外出旅游，他们几乎百分之百地都回来了，没有人非法滞留在国外，这就说明了我们的人权状况非常好。

最后一点，我想说一下整个国际形势。美国、中国和拉丁美洲国家，等等，都面临着很多的挑战。那么，哪种模式能够更好地应对这些挑战呢？可能就是中国模式了。从对国际情况的观察中我发现，所有的国家，包括美国和欧洲、非洲、拉丁美洲的国家，都需要改革，他们需要不同的改革。相比而言，中国模式是在改革方面做得最好的，中国是改革方面的专家，我们一直都在进行改革。对于其他的模式，改革却非常困难，因为如果改革的话，当政者就可能会下台。改革当然会涉及一些利益集团的问题，但是中国一直在改革。非常感谢大家！

问：张教授，中国的模式非常成功。您讲了成功，但是您没有告诉我们如果其他的国家想效仿的话，他们需要什么样的前提？哪些可以做？哪些应该避免做？

答：很显然，其他国家不能一成不变地照搬中国模式，因为中国是非常特殊的，我们这样的政策，可能在其他国家是没有的。我们的历史很长，我们的历史已经有几千年了。

具体来讲，中国的特殊性体现在很多方面，我只说其中的两个：一个是善政，即政府选择官员的时候，是根据他们的政绩来选择的，这样的规则是非常好的。二是有清晰的目标，即先把希望能够实现的目标确定了。比如说，从 1949 年开始，在毛泽东时代，我们就设定了一个重要目标，要解放妇女。因此我们在解放妇女方面就做得非常好。再比如说，土地改革，要是没有土地改革，我们的农村也就不会繁荣。还有工业化，等等。谢谢！

加强全球互动，促进经济调整

中国人民大学经济研究所所长　毛振华

我分享一下关于中国经济的认识。

中国经济经历了比较长时间的高速增长，现在到了我们称之为"新常态"的状态。今天，中国国家统计局公布了上季度的 GDP 增长，这并不是一个低的数字，但对于中国来讲却是非常低的。1992 年以来，只有 2009 年的第二和第四季度的经济增长低于这个水平。上个季度的增长率在 7% 左右，以前我们认为今年会高于 7%，现在来看可能是 7% 以下。以下到什么程度，6.5% 是不是也有可能？这对于我们来讲，是一个新问题，我们要研究。过去，我们在 10% 以上的增长率的情况下，经济能保持平稳，能保持比较好的稳定。但从 14% 下滑到 6.9% 后，经济增长率下滑了一半，我们的经济还能不能保持稳定呢？

过去的 30 多年，中国的经济增长取得了很大的成就。现在中国的 GDP 占了全球的 13.4%，这相当于德国的和日本的之和。

同时，也积累了很多的问题，中国经济一直在高速增长的过程中，没有经历过市场经济国家几年就要来一次的经济调整，所以中国经济一直没有得到很好的调整。过去积累的很多问题需要解决。但是，问题的核心在于，仅仅认识到中国经济有很多问题要解决是不够的，我们应该更多地考虑如何来解决这些问题。

我试图说明，中国要怎样利用现有基础进行调整。现在的问题和过去不一样了，过去的问题是贫穷、落后、短缺，因此要发展；现在的问题是要调整。怎么个调整法？我有一个词叫作"腾挪"，也就是说，在现在的情况下进行比较大的结构性调整，需要时间和空间的转换。这包括几个问题：

首先是产业方面的问题。过去经济增长主要是依赖于工业制造业，但工业制造业最近的增速比整个国民经济的增长速度还要慢，这个月的数据是 5.7%，与我们 6.9% 的目标相差比较远。过去工业的增长率高于整体的增长率，现在我们更多的要靠服务业。今天上午社科院的蔡昉副院长讲到了城镇化问题，中国的城镇化也有了很大的转换，过去的城镇化靠工业，现在的城镇化要靠服务业，这是一个很大的转换。

其次，让我们看看中国的国家债务结构方面的问题。中国过去是一个既没有内债，也没有外债的国家。这些年来，我们也学习利用债务工具作为拉动经济需求，或者说是扩充经济供给的重要来源，所以中国现在也是债务率很高的国家。特别是 2008 年全球金融危机之后，中国采取了和西方差不多的扩张货币、扩张信贷、扩大投资的方法，使得整个国家的负债率已经到了比较高的水平。其中，中国政府，包括政府的国有企业的负债率在 60% 左右。在全世界比较发达、比较大的经济体里，这个数字还是可以接受的、是相对比较安全的。美国已经超过了100%。从企业的负债来看，中国企业部门的负债率在全球主要国家里面算比较高了，超过了GDP的70%。从中国的居民负债来看，这个群体的负债率很低，中国有全世界差不多最大的居民储蓄。因此，从全社会来看整体的负债率水平，中国目前基本上已经接近于临界点。一个显著的特点就是，中国的企业负债率太高，但个人负债率又太低。有没有可能让我们的居民负债率提高一些，而让我们的企业负债率降低一些呢？换言之，就是有没有可能促使我们的居民储蓄转换为投资，转换为直接投资，而变成为我们企业的资本和股本，以降低整个企业的负债率？去年我们有个统计，把全中国的负债总水平按照7%的利息来计算，中国要用相当于整个GDP的17%来支付利息，这是我们过去从来没有遇到过的问题。有没有办法进行根本性的调整？我们有经济学家提出来，中国要研究把资产负债进行腾挪，也就是说降低企业的负债水平，扩大个人的负债水平。扩大个人的负债水平并不是那么容易。我大概在20年前就提出来了这个方法，但那个时候中国没有负债的产品，比如说没有信用卡和按揭贷款。那个时候，我们认为中国的个人负债水平如果能够增加到发达国家的水平，就能够有效地拉动中国经济增长15年。现在中国的经济增长很快，现在很多居民都有自己的负债，有的贷款买房子，还有的用信用卡，仍然还有很大的余地可以挖掘。这是一个腾挪的问题。

另外一个问题，就是中国经济在现有的基础上还有可挖掘的潜力问题，这就是我们现在正在研究的"一带一路"问题。中国从去年开始出现了历史性的转折，中国第一次出现了资本流出大于流入的情况，中国逐步成为一个资本净输出国。这是国际上发达国家都走过的常规道路，即开始是商品输出，后来是资本输出，最后才是文化和品牌输出。我们暂时还没有意愿做文化和品牌的输出，但是资本输出是肯定要做的，这是天然的规律，因为中国经济增长到了这么大规模以后，国内投资机会相应减少，国内的制造业成本也相应地升高，所以资本要走到更好获利的地方去。这是非常现实的问题，最好的方案是把中国的国家战略和中国市场化的资本输出有机地结合在一起。中国的国家战略里面包括了我们自己构造自己的经济安全线和我们应尽的国际义务，促进国际发展和国际减贫事业。因此，"一带一路"倡议的推出既有中国自己的国家经济发展到一定水平后寻求资本投资的需要，也有在国际上怎么样来平衡世界经济发展的需要，所以我觉得非常必要。

还有一个比较复杂的事情，就是"一带一路"沿线国家或者说主要是新兴市场国家的金融风险问题。我们"走出去"是两个因素在起作用：一个是市场因素，按照市场规则，按照市场所遵循的一般流程进行投资；另外一个是由中国政府所主导的或引导的因素，这些项目的投资需要坚持一些什么样的原则呢？非常值得研究。通过研究，我们发现，"一带一路"沿线国家中除了极少数国家外，都是在国际上被认为经济风险比较高的国家，很多国家甚至连统计数据都没有，联合国的机构也不统计它们，也没有给过它们什么钱。所以对于我们来讲，我们要认真研究：为什么别的国家都不去这些国家投资，西方发达国家也有很多的剩余资本，为什么它们不去这些国家，我们为什么要去这些国家，去这些国家对我们来说有什么风险，等等。

　　我个人认为，这些国家的改革开放很重要。刚才讲了中国改革开放的经验，我觉得在经济方面，改革开放尤其重要。中国特色究竟是什么？ 我认为首先是 1978 年以后我们学习了西方，遵循了世界经济的规则，加入到了国际经济的循环体系和大分工体系里面，并取得了很好的结果；同时在这个过程中，我们又坚持了自己的特色，坚持了我们基本的政治制度，坚持了我们的文化里面很有竞争力的东西。由于这两个方面的结合，形成了我们现在的东西，但前提是学习西方、遵循世界经济规则。因此对于我们来讲，这方面的研究非常重要。

　　我们中国早期开放的时候学习了西方经济，有很多的国家来给我们提供咨询服务，所以我们现在也很希望在中国经济"走出去"的时候，中国的学者、中国的经济学家也能够帮助这些国家，把我们的认识，把我们的经验，把我们的经济转型的体会跟这些国家分享，使得这些国家能够除了吸收中国资本之外，还能正常地吸收世界其他国家的资本，使得中国在其中处于竞争的部分，而不是孤立的部分。孤立的部分意味着中国有风险，如果有竞争则是更好的结果。所以我觉得对于这些国家来讲，要推动他们研究国家改革开放的重要性。

　　最后一点，市场体系的建设和政府的作用值得注意。中国在这方面可以为其他国家提供参考：中国政府在自己有管制能力的情况下搞改革开放，这是非常好的经验。我们怎么样更好地把市场的因素、把国际的惯例结合进来，使得整个经济体能有效地吸收外来投资，有效地推动人民生活水平的提升。对于中国来讲，现在所面临的问题是我们要进行大腾挪，而在国际上恰好有这么一个时机，我们可以把我们的资本，把我们的产业，甚至是把我们的某一些成功的经验和这些国家分享，我相信这是中国在新的历史时期应该为人类所做的贡献。所以从这个意义来讲，中国经济的转型，也有可能推动世界经济的进步，这是我的一点分享。

　　谢谢大家！

中国的经济增长、环境问题

世界银行东亚与太平洋地区中国、蒙古和韩国局局长　郝福满

我很高兴参加这个论坛。嘉宾小组中有我工作时的导师，我很荣幸曾与他一起工作。

我曾经在秘鲁工作过，当时我们经常讨论中国、中国的经济增长、中国的市场波动和中国的未来。前些年，中国的经济增长速度很高，现在开始放缓了，因此大家都关注中国，这也是意料之中的。

中国是世界上第二大经济体，如果以平价购买力计算，中国已经成为世界第一大经济体了；如果用美元市价衡量，我们觉得2020—2030年之间中国会成为世界上最大的经济体，但这也要看中国增长的速度和改革的情况。

中国之所以站在世界舞台上的重要位置，部分原因是过去的三四十年中，中国的房地产增长了40%。日本在20世纪70年代到90年代的时候，也追上了美国，同样是变革后追上的。

世界经济增长正在减速。中国现在的增长率大概是7%，我非常相信国家统计局对于中国经济的统计结果，这当然和之前的12%、13%的增长速度不可同日而语，那是在2000—2007年之间的增速。但中国对于世界经济的贡献依然没有减少，因为中国的总量已经远远高于10年前或者是7年前。所以中国对于世界经济增长的贡献，依然是最大的。现在中国还在追赶，因为经济总量最大的美国还在处理其经济危机。

2010年的时候，中国实施了大幅度增加内需的举措，如果不那么做，经济的下滑就会来得更早一点，经济减缓幅度也会更大。虽然说总体的增长速度有一点低了，但是中国经济仍在正常轨道上。因为现在世界经济不景气，不光是中国经济的问题。中国的增长是实际的增长，原因在于外部的需求没有那么高。

我们觉得今年底"十二五"结束以后，下一个五年计划的增长速度还会再慢一点，大概是6%—7%，或者是6%—6.5%，再也不能保持以前的高增长势头了。这个月底的时候，我们就会知道中国的决策者们的一些基本想法了，因为"十三五"规划很快就要确定了。我们猜想政府的目标仍然会比较高，可能是8%—9%，但实际上可能达不到，需要减速。如果我们去看一下新兴市场的历史，这种减速很难平稳地进行，大部分的经济减缓发生在人均GDP到了1万—1.5万美元的时候。比如，亚洲在20世纪80年代和1997年出现金融危机的时候，都出现过减速的情况，1997年日本的经济也有所放缓，而且一直都没有恢复过来。所以，如果中国能够慢慢减速的话，应该讲是一个大的成就。

另外，中国以每年10%的增速连续增长了35年，这已经是一个奇迹了。20年来，很多国家没有发展得这么快，很多国家的总增长率只有 30%。中国会继续发展，在接下来的 5 年中，将继续保持 6% 的增长率，这也是非常了不起的成就。但是，中国的经济也发生了变化。中国的决策者想要平衡经济还是另有考虑呢？中国经济结构中服务业占比仍然比较低，而制造业占到了 42%，经济对贸易的依赖度大幅下降，经常账户在 2007 年约占 10%，现在只占 2%。现在最主要的工作是要平衡内需，拉动消费的增长，消费的增长对于经济增长来说贡献非常大。可以说再平衡正在进行中。

我对中国的经济非常有信心，中国的经济会继续增长。在生产方面，中国的生产结构正在进行转型升级，中国比较关注这个问题，进一步地向生产价值链的上游转移。现在出口越来越复杂，也需要有更多的附加值。我认为这是非常好的方向。中国在价值链中的地位也在上升，因此中国经济有着非常巨大的增长潜力。

现在，研发越来越重要，中国目前已是世界上第二大的研发大国，紧随美国之后。中国的专利数量也大幅上升，超出了人们的预期，所以中国的研发能力是非常强的，前景非常光明。快速追赶需要很多的创新和生产力的产出。

城镇化伴随着经济增长而发生。20 世纪 70 年代，城镇化率非常低，现在已经达到了 58%，以后会更高。同时，在制造业中，国有企业只占了不到 25%，私营企业的比例已经很大，更多的现代技术已经进口到中国，因此我们认为 6% 是可以实现的增长目标。中国需要不断地改革，需要给经济注入不断发展的活力和动力。

与此非常相似的是，环境也成为重要的问题。我们需要更好的环境，这个需求会越来越高，人们希望有更好的环境。所以我们需要进一步减少经济对环境的不利影响。这将是中国未来发展的一个主题。

另外，一些中国领导人最近非常关注气候变化问题。中国现在是温室气体排放最多的国家，如果中国在过去10年没有采取措施的话，影响还会更大。事实上，中国已经采取了很多措施来提高能效，减少二氧化碳的排放，而且也在交通方面采取了措施。虽然北京的交通状况仍然不好，但比曼谷好多了。中国的计划生育政策对于控制温室气体排放也做出了一些贡献。中国也做出了相关的承诺，到2030年要大幅减少温室气体排放，也进行了很多的投资。中国对这个问题非常重视。我想中国一定能够信守自己的承诺，能够采用很多的创新方式来应对气候变化。

问：您给我们描绘了中国非常乐观的前景，但是之后的二三十年中要保持可持续发展，要从能源消费转型到新型能源消费模式，这将会对中国产生什么样的影响？

答：我不是能源专家，但我所知道的是中国是世界上最大的能源生产国，然后在生产成本上几乎已经达到了极限。未来能源发展的一个重要方向就是电池的研究，我觉得中国现在有能力在这些方面做一些工作。一旦这个问题解决了，未来的能源格局和今天会有很大的不一样。我们可以更好地面对气候变化的挑战。

问：教育非常重要，您觉得中国未来的教育是什么样的？是现在这个样子就行了呢，还是需要改革？

答：中国的教育是世界上最好的，比如说上海的PISA考试成绩，就是世界上得分最高的。

以前我们认为只有精英学校、非常昂贵的教育才是好的教育，但是，现在我发现中国的教育管理得非常高效，无论是校长还是教师都专心教学。中国把 2.5% 的 GDP 投在了教育上。这个比例相较于经济合作与发展组织（OECD）的其他国家比较小，但是取得的效果却非常好。

当然，有些农村地区的教育远远没有上海这么好。到底上海是例外还是上海将会成为常态？中国的教育发展非常快，但是各地的教育的情况非常不均等，所以我们需要有好的教育经费机制。现在，教育质量很大程度上取决于你生在什么地方，看你运气好不好。如果说你生长在贫困的地方，教育会非常差；如果出生在好的地方，就会受到很好的教育。由于教育问题，有许多人没有机会加入到现在的劳动大军之中。中国现在开始对将来的劳动大军进行教育，20 年之后这些在学校的人将会成为中国的劳动力，所以我们必须要有高质量的教育。

正确认识收入分配问题

北京师范大学收入分配研究院执行院长　李实

　　我总结一下我的 PPT 的内容。刚才郝福满先生提到了中国收入差距的问题，他们比较感兴趣。看一下中国最近这 10 年收入差距的变化情况，大致是到 2008 年的时候，中国的收入差距达到了最高的水平。这个时候收入差距的基尼系数达到了 0.49，应该说比较高了。

　　但是从 2008 年以后，收入差距逐步缩小。到 2014 年，收入差距的基尼系数大概是 0.47 左右，下降了不到 3 个百分点，幅度不是很明显，但是趋势是在下降。在这种情况下，我们怎么判断收入差距呢？有人表示乐观，说可能我们的收入差距的问题已经解决了。对此我并不同意，我认为我们的收入差距问题，甚至包括财富差距问题，远远没有解决。最近几年收入差距有所缩小，原因在什么地方呢？城乡之间收入差距的缩小解释了全部收入差距的缩小。也就是说，城市内部和农村内部的收入差距还在扩大。

　　扩大的主导因素是什么？在整个收入当中，财产性收入所占的比重在不断地上升。比如说，从2002年到2007年，财产性收入占居民收入的比重不到2%，这个比例很低。到了2013年，这个比例达到了8%以上。财产性差距的扩大，主要表现在少部分人的财产价值在不断地上升。所以从这个角度看，财产分布的差距，在过去的10年中所扩大的速度比收入差距的扩大速度要快得多。

　　2002年，财产差距的基尼系数大概是0.55；到了2010年，财产差距的基尼系数上升到了0.73。也就是说，在8年的时间内，财产差距出现了急剧的扩大，基尼系数也达到了很高的水平。如果把中国的财产差距和其他国家进行比较，中国的财产差距虽然不是世界上最高的，因为财产差距的基尼系数超过0.8的国家也有一些，但中国的财产差距水平已经达到了世界中等偏上的水平。

　　更重要的是，中国的财产差距仍在不断的扩大之中。10年以前，中国的财产差距在世界上属于最低的，现在已经达到了中等偏上的水平了，发展速度非常快。财产差距扩大的主要原因在于房地产市场价格的迅速上升。比如说，过去10年北京的房价翻了4—5倍，这就意味着房子多、地段好的人的房产价格就上升得很快。房地产价格的上升，推动了财产差距的扩大，而财产差距的扩大，又进一步会影响到收入的差距。如果说，过去几年中收入差距出现了缩小，很大的程度上是由于政府的政策在起作用。特别是城乡之间的收入差距，是来自于政府在过去10年中推行的各种各样的惠农政策，这些政策提高了农民的收入，使农民收入的增长幅度超过了城市居民收入的增长幅度。

但是在未来的几年中，我们会面临着这些挑战：一个是财产差距继续扩大，使得我们的收入分配、再分配政策的有效性受到影响。如果说财产差距在不断地扩大，那么依靠财产获得收入的人会越来越多，因此通过政府的一些再分配的措施，虽然有助于缩小差距，但是缩小的幅度，还可能抵消不了财产收入所带来的收入差距扩大的幅度。这是一个非常重要的问题。

另外，未来几年中，我们可能会进入经济新常态，新常态意味着什么？我们的收入增长速度可能会放慢。这样的放慢对收入分配会产生什么样的影响呢？有可能是正面的影响，也有可能是负面的影响。所谓正面的影响，2007年以来我们的收入增长速度不断地放慢，这段时间的收入差距也不断地缩小。如果把这几年的增长做一个总结，就可以认为这几年的经济增长更多地具有包容性的特点，因为就业扩大了，吸收了更多的非技术人员、技术工人就业，也吸收了很多农民工就业。因此过去几年农民工就业增加非常快，农民工工资也增加得很快。在这样的情况下，增长速度即便下来了，对就业也没有产生影响。相反，还使很多低学历、低技能的人的工资增长更快一些。

但是，如果说产生的负面影响，就是有可能影响我们选择增长速度和增长的模式。如果我们一味地强调资本密集型的经济增长，一味强调投资于很多的所谓"高大上"的项目，搞一些政绩工程，对就业并不一定产生好的影响。从这个角度来说，即便是我们进入了新常态，在经济增长方式的选择上，也一定要坚持两点：一个是就业优先，一个是使绝大部分低技能的农民工能够获得更多的就业机会。

另外，进入新常态后，政府的收入会有所下降，现在已经体现出来了。中国政府的收入增长速度已经大幅放缓，这样的话政府会着急，着急什么呢？因为收入少了，想干的事又很多，于是政府就会重新考虑以前的再分配政策，比如说，惠农政策的财政支出，或者社会福利的支出会不会减少。这些现在已经有了一些迹象，政府可能考虑不要承担过多的社会福利，怕我们国家也变成一个福利国家。实际上，我们离福利国家还很远，但是，有一些官员已经开始担心了。在这样的情况下，如果再分配政策发生改变，不是延续过去坚持的惠农政策、社会福利政策、社会保障制度全覆盖的改革方向等，那么就会出现一些问题。

未来几年中，我们所面临的这种收入分配方面的问题，在很大程度上取决于我们政府对待这个问题的认识和看法，以及能不能有足够的决心把收入分配制度的改革坚持下去，使得在未来几年中收入差距能够有所缩小，社会分配变得更加公平，让我们能够从中等收入国家尽快地成为高收入的国家，跨越所谓的"中等收入陷阱"，进入中国经济的新发展阶段。我就讲这么多，谢谢！

问：李教授，您刚才说到不平等的挑战。今天早上我们从社会科学院蔡院长那里也听到了新的观点。我想问李教授，户籍制度改革对于消除不平等有什么样的影响？

答：总体来说，我觉得户籍制度改革对于减少收入不平等具有积极的作用。因为如果中国把城乡户籍制度统一的话，那么它就会进一步增强人们的流动性，更多人就会从农村地区迁移到城市地区，生活在农村的人会在城市地区找到更多的就业机会，找到高收入的工作。我觉得户籍制度改革对此会有积极的影响。

事实上，中国的户籍制度改革在有些中小型城市里已经开始

了。大的城市也有一些改革，但是还没有完成。比如说北京、上
海，现在还有待进一步改革户籍制度。外地人的户籍问题依然没
有得到解决。现在的问题是有太多人想涌入少数几个巨型城市，
而这些特大城市的人数已经很多了，造成了交通上的沉重负担等
问题。背后的原因就是发展的不均等，小城市和大城市的发展不
均衡是这个现象背后的原因。这种不均衡包括基础设施、公共服
务等方面的不均等。

小城市或中等城市的基础设施和公共服务没有大城市好，要
解决这个问题，我们就要提高和改进中小型城市的基础设施和公
共服务，这样才能吸引更多的人待在这些中小城市，我认为这是
最根本的解决办法。

哈萨克斯坦：目前的问题与建议

哈萨克斯坦纳扎尔巴耶夫大学校长、世界银行前副行长　胜茂夫

从中亚和哈萨克斯坦的情况来看，目前面临着三个问题：

第一个是俄罗斯的问题。俄罗斯的经济现在停滞不前，甚至出现萧条；俄罗斯的动作比哈萨克斯坦要快很多，比如进行了货币改革。如果不实施任何海关控制，哈萨克斯坦的工业很可能会受到俄罗斯工业的冲击。哈萨克斯坦有很多顾虑，包括对货币的顾虑。

第二个是中国减速的问题。中国经济进入新常态，使得哈萨克斯坦的出口政策必须要调整。

第三个是大宗商品价格的问题。现在的油价从每桶90—100美元降了一半，对哈萨克斯坦这样的国家影响很大。现在哈萨克斯坦应该怎么做呢？去年，政府决定推出一个长周期的措施，从中国和其他亚洲经济体学习经验，加强基础设施建设，不仅建设国内的基础设施，还包括建设与外部连接的基础设施。

在资金方面，首先哈萨克斯坦有石油基金；其次哈萨克斯坦也跟国际金融机构包括世行、亚行等建立了合作伙伴关系。我希望亚洲基础设施投资银行也能够与哈萨克斯坦建立合作伙伴关系。另外，从今年起，哈萨克斯坦当局决定管理投资。同时，哈萨克斯坦还实施了机构改革，使哈萨克斯坦一方面能够在投资上更具有吸引力，无论是对国内还是对国外的投资者而言；另一方面，这次金融危机使得经济重新进行了调整，并且认识到过去的增长模式和社会模式已经不适合现在的发展形势了。

所以，哈萨克斯坦要从以下几方面做工作：

第一，要建立起服务社会的模式，尽量消除政治上的影响；

第二，改革法制，使其更具备可预测性和透明性，并完善法律的执行；

第三，实施一系列的结构改革，包括经济和社会的结构改革，使得市场成为公平的竞争市场，同时也进行人力资源的开发；

第四，哈萨克斯坦是一个多文化、多种族的国家，也是一个年轻的国家，我们应该有我们国家的特性，我们希望让我们的公民更多地以哈萨克斯坦人自居，而不是以他们自己的民族自居，使国家更加开放、更加透明、更加稳定。

因此，哈萨克斯坦对于东方发生的事情非常感兴趣。中国是我们非常关键的战略合作伙伴。今年，中国和哈萨克斯坦已经签署了200多亿的投资协定，主要是由"一带一路"倡议所促成的。希望中国能够继续支持哈萨克斯坦的发展，让哈萨克斯坦从一个内陆型的经济体，逐步变成一个内陆连接型的或者说是内陆桥型的经济体。

讲到这里，我也想顺便做一点自我推广。2013 年 9 月，习近平主席在我们纳扎尔巴耶夫大学宣布了"一带一路"倡议及其政策要点。最近，中国和哈萨克斯坦政府同意在哈方建立一个中国研究中心，建在我们学校，中方希望能够进一步与中亚之间达成合作共识，我们的中国研究中心将会和中国的研究机构进行合作。

人民币国际化与新兴市场

投资非洲，实现共赢

非洲开发银行副行长　让维·利泽耶

我非常荣幸能够代表非洲开发银行参加此次论坛。今天上午的发言都非常精彩。我想说，非洲大陆正在崛起，这个方向是不会改变的。但是，我们现在面临着一些问题，比如说金融危机的影响等。

得益于非洲的经济发展，非洲的人均 GDP 从 2000 年到现在增长很快，但是我必须要承认，我们的经济增长还是很有限的。非洲的基础设施建设远远不够，我们还需要更多的投入来建设基础设施。每年都有大量的年轻人要进入劳动力市场，我们需要创造更多的就业机会，这也是社会发展的可持续性问题。如果我们没有更多的机会，就不可能实现经济的持续增长。我们需要更多地与外部世界发生联系，加强管理和治理。非洲的经济处于转折点，这个转折点已经出现一段时间了。现在我们要跨越这个转折点，需要加速我们的经济转型和改革。当然最重要的是治理，我们要改进政治治理，调整机构，保持宏观经济的稳定。奥廷加总理今天上午也谈到了这些问题。还有行业管理的问题。我们过去的经济都是以矿业为主，矿业每年给我们的政府带来了大笔的收入，所以对于矿业，我们要非常重视，善加管理。同时，经济的多样化非常重要，经济区域的一体化也非常重要。

在接下来的几年中，我们需要很多的投资，我们投资的缺口还是比较大的。我们需要对基础设施进行更多的投资。我们需要利用我们的人口红利，这方面也是需要更多的投资。现在非洲面临着一些挑战，我们要勇敢地面对这些挑战，比如说交通、能源、通信等方面的发展还很薄弱。我们所面临的这些挑战对中国来说，正好是巨大的投资机会，对于新兴经济体来说也是巨大的投资机会。

非洲开发银行很快就会有新的行长，他将引领非洲的变革和发展。他将会提出五个重点发展领域，包括非洲的能源行业、农业、一体化、规模经济、价值链。最终的目的是提高非洲的福祉。尽管我们的动作很快，但是仅凭自己的力量还是不行的，所以希望中国能够帮助我们进行变革。非洲也希望得到一些资金，我们希望能有200亿（美元）左右的基金，也希望中方能够为我们的项目进行融资。埃及有一个机场正在建设之中，这个机场建好后，会吸引大量的旅客到埃及。非洲还有很多类似的、非常大的其他项目也在建或希望建。我必须要说，非洲的繁荣是一定的，这将是一个双赢的局面。

根据我们的设想，2050年，非洲将会有更好的经济增长，更多的非洲人将有体面的工作，更多的非洲人可以用上电，更多的非洲人可以在非洲大陆自由流动，不需要签证。未来的非洲会有更好的基础设施，并且没有饥饿，这就是我们的梦想，我们的非洲梦。这个梦想是可能实现的！

李光耀曾经讲过，每一项事业都需要梦想才能够变成现实。中国也有很多有远见卓识的人，其中一位就是邓小平。邓小平是中国改革开放和现代化的总设计师，他推动了改革开放，他也推动实现了中国巨大的经济和社会变革。我想我们可以共同努力，建设好更加美好的非洲。共同努力，实现非洲梦。

谢谢大家！

问：您讲到了非洲梦，作为亚洲开发银行，如何助力非洲梦的实现呢？

答：最现实的就是使我们的战略更加有利于促进包容性增长。在我们的战略中，包含着可持续发展、包容性增长内容，我们的项目就是包容性的，能够惠及所有人的利益。而且，我们还在不断地深化金融行业的改革。在非洲的很多国家，一些银行通过贷款控制着市场。我们通过深化银行改革，让中小企业能够获得贷款，而中小企业就可以创造出很多就业机会。

让基础设施充分地发挥作用

清华大学法学院教授　高西庆

刚才谈到了邓小平，他是一位非常有远见卓识的人；也曾谈到过李光耀，但主持人让我谈亚投行。亚投行的行长是我的好朋友、同事。基础设施项目，从本质上来讲需要规划和实施，这个并不是由自由精神或者是个人主义就可以实现的，是非常难的。如果看一下现实的世界，看一下一些过去 10 年中的基础设施建设项目，我们就会发现，主要的基础设施建设的奇迹都发生在发展中国家。

当我第一次到美国时——那是三四十年前的事了，我感到非常的震惊。美国现代化的高速公路给我带来了文化的震惊。但是，现在我再跟学生讲这些时，当他们到美国并回来后，他们就对我说：你在说什么呀，美国一点儿都不好，一些路的状况甚至非常糟糕，机场也不好，美国怎么会是这样的呢？我在纽约住了多年，纽约人不赞成任何的基础设施的改进，为什么？因为他们可能会说，为什么我们要花这些钱用在基础设施建设上，让纽约以外的人来享受纽约的好处呢？

但是，我们可以看到，中国在基础设施方面起到了引领的作用，最近又建立了亚投行，让很多基础设施建设项目的实施成为可能。这不是资本主义完成的，而是社会主义做的。这是中国特色的社会主义。刚开始时，在中国加入世界贸易组织这件事上，美国反对，欧洲反对，大家都不愿意中国加入世界贸易组织。同样，这个基础设施投资银行刚刚开始的时候，美国还是反对，欧洲也反对，很多人都反对，但是现在大家都进来了，没有进来的人开始后悔了。

当然，我们现在还不知道这个银行是否行得通，但是我们有这个信心。我并不赞成完全没有个人自由的计划经济，但是我们应该制定一些中央级别的规则。如果没有任何规则，或者政府持续地改变规则的话，经济就会倒退。我们建了这么多高速公路，如果说经济下滑，这些东西会留在那里，慢慢地就会破落，可能之后会成为像金字塔一样供游人观光的"文物"。

问：您对基础设施投资行业很熟悉，能否请您进一步谈谈如何有效实施区域基础设施投资项目方面的问题。

答："一带一路"所涉及的这些国家都需要基础设施，中国也需要很多基础设施，我们有很多的基础设施建设项目。

我在中国西北长大。中国西北需要很多基础设施，现在的主要问题是成本问题。我们需要考虑基础设施建设的成本，比如说，建一条高速铁路需要多少钱。在我 16 岁的时候，我离开了大山。当时如果在大山深处修建一条铁路，每一千米的建设成本可能需要 20 多万元。从武汉到重庆，当时的铁路建设成本可能需要 500 万元。

但是今天呢，成本更高了，过去需要 500 万元的项目，现在可能需要一个多亿了。所以，如果成本如此之高，你还需要时速 300 千米的高铁吗？很多亚洲国家可能都不需要这么高速的铁路，所以我们需要平衡考虑。亚洲开发银行的同行讲得非常好，他们有很多的资金可以提供给这些项目，但是我们首先是要做值得做的事情。如果你修建的铁路没有带来足够多的经济收益，人们只是为了修路而修路，那谁有愿意干这个事呢？投资者，包括政府、亚洲开发银行，它们不会不关注经济效益而来修这些基础设施。

你要让这个项目可持续的话，一定要关注它的经济回报，因此，不可能每个人都享有同样质量的基础设施。

人民币国际化有利于支持新兴市场发展

中国人民银行金融研究所所长　姚余栋

我讲一下人民币国际化问题。

人民币国际化有很多的维度，我们首先看一下跨境贸易。人民币在跨境贸易中的使用，还有在投资中的使用，现在是越来越多了。在量上增加了很多，在过去的 6 年中，这是一个基本趋势。我记得 60 年前，当时人民币的贸易只占了世界贸易总额的 1%，如今大约占到了 26%。

如果说让我回到 60 年前来看这个问题，我根本没有办法预见到今天所发生的情况，贸易量在过去的 6 年中增加了很多，外商直接投资也增加了很多。今年前 8 个月，外商直接投资增加了 67%，对外直接投资增加了 230%。沪港通已经使 430 亿人民币流入上海，900 亿人民币流入香港。从外国机构银行间债券市场的参与情况来看，目前已有 260 家外国机构可以进入我们的市场，包括 37 家银行、5 家国际机构、3 家主权基金、64 家合格境外投资者。我觉得这是很大的数字。

我们再来看看双边的货币交换——我以前在货币政策司的时候曾经负责过这个问题——现在的数字大概是 380 亿元人民币，而且增速非常快。

还有一个问题，即产权问题。现在我们看到非中国居民，即外国机构和个人占了中国金融资产中的 4 万亿元，包括产权、债券、国内的贷款和储蓄，非常多样化。人民币清算货币的使用情况的排名快速攀升，已经成为第二大最广泛使用的贸易和金融货币、第四大支付货币、第六大国际银行间贷款货币、第七大外汇交易货币，在国际新发债券中排名第八。人民币在境外的使用量也非常大，在香港、澳门、台湾、卢森堡、伦敦这些离岸市场中的总存款余额是两三万亿人民币，我觉得这个数字是相当大的。所以，境外的外汇市场的发展比我们想象的要快很多。跨境人民币现金的供应运营情况很好。

资本账户的流动率也有很大的改善。在过去的五六年中，不可兑换的项目减少了一项，我们马上就可以实现完全的可兑换了。我们需要进行管理，尤其是外债方面以及反洗钱方面的相关政策等，都要加强管理。

最后一点，人民币的国际使用量增加了很多，但是主要是由市场的力量来实现的，中国人民银行只是放手让市场去发展而已。你们可以看到中国的储蓄率依然非常高，我们有很多经常账户的盈余，今年这个盈余将占到 GDP 的 3%。

现在大宗商品的价格降低了很多，使得买方省了很多钱。但是，我们不能补充外国的流动性，原因在于我们当前账户上的盈余。因此，人民币的贷款、对外投资对于其他新兴市场来说非常重要。我们可以看到全球流动性的缺失是一种风险。新兴市场需要钱，如果你需要人民币，就找商业银行去提供人民币，我想它们将会非常乐意地给你们提供人民币贷款，让中国的企业为你们投资，它们将会和你们进行合作，尤其是基础设施建设方面。

所以对外投资、人民币贷款将会成为中国支持新兴市场发展的重要载体。我觉得这是关键的驱动力，中国已经发展到了这样的阶段，必须进行海外的资本投资。人民币贷款和人民币的投资将会是满足这个需求的最好办法。

问：人民币国际化是中国人民银行主动追求的目标吗？要准确理解人民币国际化问题，您认为我们应该了解和学习一些什么样的东西？

答：我认为中国人民银行并不主动追求什么，我们只是需要更多地依赖市场的力量，因为市场有自己的生命力。其中一个因素是风险，还有一个就是收益和成本。人民币越来越国际化了，作为一种货币在国际上的用途需要海外市场来发挥作用。

在离岸市场，我们需要弄清楚中国是什么样的情况，你需要了解这个市场，这个市场非常复杂。还有，交易者要了解当地的货币政策，尤其是要了解实体经济，实体经济到底是什么样的。如果投资者误解了中国的情况、中国的国情，他们只是看新闻，这是不够的。

比如 2010 年人民币升值了，改革的主要目的是对外汇的改革，这个改革应该是以市场为基础的，但是市场并没有很好地接收到这个信息，国际市场上的人们并不知道中国到底发生了什么，他们感到非常惊讶。问题是海外的市场怎么样才能够更好地了解中国的经济情况。需要更多的经济学家学中文，看报纸，理解我们现在的新常态。我们的就业没有任何问题，我们也没有任何系统风险，我们的经济增长 7% 没有问题，中国没有任何的灾难。只有离岸和在岸的贸易者都相互了解，做到信息对称，我觉得经济学家对中国的评估就会准确。

把盈余投资于新兴市场国家

北京大学国家发展研究院教授　卢锋

　　新兴市场这个词现在已经成为一个非常流行的词。仅仅在 10
年前，这个词对于大众来说还是很新的词。学者们 10 年前对此
的讨论也非常少。现在我们正在讨论第十三个五年规划，10 年前
讨论的是第十一个五年规划，那里头根本就没有提到人民币的国
际化问题，或者说人民币市场的问题，即便是 5 年前也没有这样
的说法。如果我们回忆一下的话，5 年前的话题是 2020 年中国的
GDP 按照美元计算大约是 14 万亿美元，人均 GDP 大约是 1 万美
元，这是当时的五年计划的基础数据。现在看来，2018 年就会超
过这个目标。2014 年，中国 GDP 总量按照外汇美元计算的话，
已经超过十万亿了，人均 GDP 已经达到 7 000 美元。所以说这些
流行的词、流行的话题，这些概念和想法，出来得非常快。有的
时候让我们感到很意外，不仅对于外界如此，对国内的学者来说
也是这样的。

　　新兴市场的全球影响力不断增强。我们可以看看一些与此相关的已经发生了的变化：第一个变革是你们已经讨论过了的，就是说在过去的7年中，尤其是在金融危机以后，世界总体经济增长的结构有了根本性的变化。在危机之前，在20世纪的后20年，发达国家占到全球GDP的70%、80%的增长。剩下的20%—30%是由新兴市场和发展中国家贡献的。现在这结构完全翻过来了。如果看一下这些数字的话，是非常具有可比性的。对于世界GDP增长的贡献，现在新兴市场和发展中国家占了增量的70%—80%，剩下的20%—30%是由发达国家所贡献的。从外贸来看，过去发达国家是外贸增长的主体，不管是出口还是进口，贡献都是70%到80%，现在只有20%多，不到30%。所以这就意味着，如果中国想要继续增长，不管是在外贸还是其他方面，都需要在全球的增长中发挥更重要的作用。它必须要跟新兴市场发生更加密切的联系，这是我们转型的第一点，就是需要有新的战略。

　　从中国国内的变革和转型来看，我们已经讨论过了成本的快速增长的问题，不管是经济成本还是环境成本，包括土地的成本还有工资等，都增加得很快。最近几个月中，我们看到了人民币兑美元的贬值。但是，实际汇率在过去的7年中却是不断升值的，升值了大约15%，这是另外一个数字。

　　还有就是经济增长的引擎已经完全不一样了。过去的30年当中，最重要的增长引擎是重工业增长，比如说钢铁或者是电，或者是煤等。这些重工业的增长推动了我们的经济增长，但是现在我认为经济增长模式已经完全改变了，所有的这些主导行业在过去依然在增长，但其增长速度在放缓。中国正努力和其他国家进行更多的合作，我们在这方面的生产能力是其他国家急需的。

比如说，最近我去了非洲国家，我所到的所有这些非洲国家都需要这些重工业的产能。

另外一点，我认为最重要的是一种平衡，刚才姚余栋也讲到了，我们现在经常账户有盈余，过去所有的经常账户的盈余都变成了向美国的投资，我们应该做一些改变，应该把盈余转到发展中国家，我想中国需要采取新的战略、新的策略。

最后，我想简单地谈一下中国的特点，我们怎么样面对这些挑战，其中很多方面都是有特色的。中国面临着这些挑战，我们还处在发展的早期，我们还是新兴市场国家，是一个发展中国家，但是我们还是要面临各类挑战，正如刚才李实教授讲到的收入不平等的挑战问题。中国还有许多人，大约有一亿人生活在贫困之中。习近平讲到了，我们还需要用五年的时间来消除贫困。我们也面临着其他问题，比如说人民币国际化的问题，这对中国来讲是非常巨大的挑战。还有一些金融的脆弱性问题，现在有很多风险存在，正如刚才主持人讲到的，而且我们还有很多争论，或者说还有很多不信任，但是我们也有很大的潜力。

如果中国的应对方式恰当、正确、合理，是可能解决这些问题的。

谢谢大家！

问：您能不能讲一下中小型企业的问题和经济不均衡的问题？中国的中小型企业在制造业中发挥了重要的作用，还有现在的服务业正在崛起，制造业份额正在下降，你觉得在未来这种发展趋势会是怎样的？

答：事实上，大家都承认中国经济的成功在很大程度上是由于改革、市场机制的引入、对外开放带来的。中国以前实行的是迟钝的计划经济，但是后来由于改革开放，有了私营经济，更多的个体公司参与进来。我们看到了成千上万的中小型企业快速崛起，在中国的经济增长中发挥了非常重要的作用。

总体来说，中小企业提供了 80% 或更高的就业机会和大部分的 GDP 增长——这也包括了外资和合资公司。它们发挥着非常重要的作用。中小企业让我们的经济更有活力，因此我们需要创造更有利的机制和环境，让更多的中小型企业成长起来。

您刚才提到了，需要调整这种不均衡。我觉得中小型企业是一个独立的问题，是一个结构性的问题，需要有利的环境来鼓励它们。关于解决国内内部的和外部的不均衡现象，我们需要有更好的宏观经济政策去调整这种不均衡，这包括与大的贸易伙伴之间的协作。

倾听客户声音，逐步实现人民币国际化

亚洲开发银行驻中国首席代表　哈米德·谢里夫

我想刚才诸位已经说得非常多了，我会尽量地简短，回到一些根本性的问题上来。

亚洲开发银行以不同的货币提供贷款。我想首先与大家分享一下亚洲开发银行的经验。当我们向客户说，我们可以以不同的货币给你们提供贷款的时候，了解当地的情况就显得非常重要了。以中国为例，亚洲开发银行在中国已经有 10 多年时间了，给中国提供了很多贷款，中国的借款人愿意用美元，而不是人民币贷款，因为在这个价格下美元比较划算。我们提供的贷款期限也更长一些，而且他们可以很好地管理好汇率风险，风险也更小。当然更重要的是，中国在不断发展，中国的生产力水平也在不断提升，这就让人民币变得越来越坚挺。这就是为什么客户也愿意接受人民币了。在其他国家，我们问我们的客户，你们要用什么样的货币呢？他们考虑的一项因素是货币的收益是什么样

的，用美元可以很好地管控这个风险。过去的几十年当中，我们
用不同的货币提供贷款，但很少国家愿意用欧元、日元，或者其
他货币贷款。

当我们倾听客户的声音时，他们可能会说，我们大部分的
收入是按照美元来计算的，所以我们不想冒风险，我们不想用其
他货币进行贷款。这个情况怎么样才能改变呢？我认为很多是历
史遗留的问题，人们比较习惯了，为什么要突然换成另外一种货
币呢？当你已经非常习惯用一种货币贷款了，而且可以很好地管
理这个风险，要改变其实比较困难。要考虑到当地的情况，尤其
是在 2008 年金融危机之后。当你只是依赖于某一种货币的时候，
而突然这个货币出现了麻烦，你就会陷入麻烦之中，所以我们需
要有不同的货币，这样的话你就可以获得很好的流动性。这个可
能是一种推动力，让某些国家欢迎一种新的储备货币。这是积极
的一面。

但是，把什么货币作为储备货币，可能会关系到银行机构
的质量。该货币的金融工具和金融资本情况怎么样，可能会涉及
信心的问题。对某种货币是否有足够的信心，也部分地取决于货
币价格是否是由市场推动的，或是受政治的影响。我听人们发表
这方面的不同观点时，我想到的是 20 世纪 90 年代。在七八十年
代的时候，亚洲开发银行有一些贷款项目，如果人们想要外商投
资，他们会期待西方式的制度安排。我认为最重要的是说服别人，
你能够承担得起，你是非常有信用的，那么通过这个机构的安排
是可以实现这个目标的。从人民币来讲，中国是否能够在外国直
接用人民币投资，很多西方人可能并不认可，因此你需要说服别
人，用人民币在外国直接投资是非常可靠的。这样的话，人们信

服以后就可以使用人民币进行投资了。

再说到区域合作。"一带一路"倡议非常好，亚洲开发银行非常欢迎亚投行，因为亚洲地区需要很多的贷款来支持一些基础设施投资项目。我们知道，亚洲开发银行和世界银行不能够提供足够的资金用于这些项目的投资，因此我们非常欢迎亚投行。

比如说，中巴经济走廊建设需要花很多的资金，因此巴基斯坦非常欢迎亚投行，我想很多其他国家也非常欢迎亚投行。我们同时也要想到一些相关的宏观问题，不仅仅只是投资本身的问题，比如说投资会带来什么样的结果，如果把路修好了，能够成为经济走廊，就可以将整个经济区域的价值链连接起来，吸引私人部门的参与——不仅是中国，还吸引全世界的私人部门参与其中。有一些富余的资本，可能也会希望找到一些项目，希望能够有一个出路。我认为这是一张更宏大的蓝图。项目的收入以人民币来结算将是人民币的重要组成部分。非常感谢！

问：刚才您讲到了宏观和微观的经济问题，我能不能提一点，就是我们在之前的讨论中提到了气候变化和环境问题，因为我想了解一下亚行对于绿色增长和包容性增长问题的看法。对于中国而言，对于新兴市场来说，绿色增长非常重要。你们在投资基础设施建设项目时，是怎么样考虑这个问题的？

答：在这个问题上，我觉得亚投行可以发挥非常重要的作用。我们听到了他们承诺要遵循国际的最佳做法，这当然包括了把环境和社会问题考虑在内。我觉得世界上有很多这方面的经验，中国内部也有一些好的做法、坏的做法。中国现在处于治理空气污染的最前沿——花了几十亿美元来治理空气污染。我们今天已经看到中国政府更加重视环境和社会保障问题了。

因此，我们是相当有信心的，在"一带一路"基础设施建设过程中，一定是会有这方面的考虑的，而且在这方面的表现也会更好。

中国对外投资与新兴市场国家之间的经济合作

中国投资助力非洲减贫

肯尼亚前总理　拉伊拉·奥廷加

女士们、先生们，早上好！我非常高兴地看到大家今天又回到了我们的论坛。我们今天要讲讲外国直接投资与合作问题，主要是谈中国和世界其他地方的投资与合作问题。大家知道中国是最大的新兴市场经济体，同时也是世界第二大经济体。因此，中国在国际经济舞台上发挥着非常重要的作用。我今天主要来讲讲非洲大陆的情况。

我们每次讨论非洲之外的国家时，总是不可避免地要用到一个词——林子里的大象，这当然主要是指中国。中国的确引起了非洲的关注。有些人认为中国想要殖民非洲，中国对非洲有所企图。我们会不断地被问到这些问题。我们的回答是，中国对非洲确实有战略性的兴趣，但是中国是作为合作伙伴来帮助非洲的。中国确实需要非洲的原材料，但是非洲也需要中国的技术和资金才能够得以发展。因此我们说非洲和中国之间存在利益上的互补性，非洲会在合作中实现自己的价值。我们从中国得到的钱是不是我们实际的价值呢？答案是肯定的。很多中国公司来到了非洲，直接投资于非洲。

同时还有一些项目，是通过中国和非洲政府共同合作来完成的，这类项目叫作"政府对政府"的项目，是中国政府和非洲政府共同执行的项目。过去的一些年里，我与中国的许多公司都打过交道，多数都是从事公共道路建设的公司，有的也从事房屋建设和水利建设。有的来自成都，有的来自大连，有的来自北京，等等。

现在，有一些人说不应该让中国人参加竞标，因为中国公司把囚徒带到了非洲来进行道路的建设，以压低成本。我问这些人，你们有证据吗？实际上，他们并没有证据。我当时就回答他们说，如果中国把囚徒带到肯尼亚来工作，说明这些囚徒受过训练，而且这些囚徒现在已经自由了，他们已经没有在中国的监狱里了，他们在肯尼亚是自由的工人。只要他们能够建路，只要他们的成本够低，我们就需要他们，因为我们需要建设道路，因此我们很感谢中国和这些工人，其他的事跟我们没有关系。

在我的国家，目前有不少中国公司了，有的人在肯尼亚投资开了纺织公司，有的人投资建设酒店，在肯尼亚内罗毕的 CBD 的最先进的、非常大的酒店，就是由一个来自江西南昌的人投资建设的。另外，中国银行也在内罗毕设了办事处。中国的药品公司在我们国家的经营也非常活跃。我们确信中国在我国的投资有助于我们的经济发展。我们有原材料，但我们需要技术和资本。原材料加技术和资本就是财富，而后两者是中国可以提供给我们的。

因此我们的看法就是，中非之间的合作有利于中国人民和非洲人民。我们需要中国的帮助，在非洲建设相应的设施，对原材料进行加工，把它们变成成品，非洲就能生产出高附加值的产品了，这样就可以给非洲人民提供更多的财富。这就是我们的减贫方式。

昨天我讲了关于非洲的"狮子"和亚洲的"老虎"和"龙"的比喻。今天，非洲和亚洲之间的关系主要是商业上的合作。我们有原材料，中国把资本和技术送过来帮助我们，帮助我们把原材料变成财富，这对双方都有益处。

谢谢！

共建绿色"一带一路"

北京师范大学经济与资源管理研究院名誉院长　李晓西

我先祝贺咱们这个会议在昨天成功地举办。今天这个题目很重要。我想利用这个机会，谈谈在经济合作、投资合作中怎么做好环保工作的问题，这是合作中不可避免的重要问题。今年在联合国的后 2015 发展规划中也专门提到了要做好气候变化中的环境保护问题。

我想我们在这个问题上可能需要认真的考虑，今天我来开会的时候，发现雾霾好像又起来了。这使我想到，我们互相之间进行经济合作的时候，最好是把最好的东西、先进的东西带给别的国家，不要把不好的东西，如我们自己对环境保护不足的地方，就不要带出去了。我们曾为这方面的研究开了四五十个座谈会，我今天就给大家讲讲这个问题。

"一带一路"的大背景我不用多讲了，习近平总书记专门提出这个问题以后，国际上对这件事都非常重视。60 多个国家要做好经贸合作不是一件简单的事情，对国内和国际都有很重大的影响。中国政府已经发表了《推动共建丝绸之路经济带和21世纪海上丝绸之路的愿景和行动》。在这个规划里提出了要加强生态环境方面的合作，要突出生态文明的理念，建立健全有效的对话机制，加强防灾减灾合作，共建绿色的丝绸之路，因此在我们研究中也要把绿色的理念贯穿进去，要把环保的理念贯穿进去。

环保如果能落实，对"一带一路"很重要，对中国建立负责任的大国形象非常重要。同时我们大家可以凝聚共识，增信释疑，原因就在于各国都越来越重视环保理念。

今年联合国最主要的会包括在纽约和在巴黎刚刚开完的会，最重要的议题就是地球如何维持，人类如何维持。这个课题很重要，因为这个问题影响所有国家。有些国家，虽然经济发展水平不高，比如我们调查过的一些非洲国家，它们虽然经济发展水平一般，但环保做得并不见得比中国差，很多地方值得我们学习。

那么我们怎么样来定位环保，中国有能力帮助各国的环保吗？显然，中国不可能把各国的环境和生态质量全面提升，做超出中国能力的事情。但是，中国必须要做好自己的那部分环保工作。在中国投资的工程中必须要做好环保工作。

因此我们有这么三句话：第一句是说，将环保的"一带一路"作为绿色的支撑，也是绿色的引领。

世界银行在支持中国的经济建设时，经常提出环保问题。不管国家环保政策如何，但是如果一个项目不考虑环保，世界银行就不予支持。我们知道，还有几个发达国家如德国，在我们的太原钢厂上为了环保的问题，下了很大的功夫，花了许多钱去做调研，主要是看钢厂能不能做到环保，如果做不到就不投资这个项目。在这一点上，我们中国现在也应该向这个方向靠拢。

第二句话讲的是绿色的融合。我们要互相学习，确立战略上的意义和定位。我想首先是绿色在一些引领方面的定位，还有一些服务上的定位。我以为要以服务经贸为主，我们的"一带一路"不是以环保为主，我们不敢说我们是环保大国，有那么多环保资金、环保技术可以向全世界提供，中国确实还做不到，但是，在经贸为主的合作过程中，我们要做好环保工作，以更好地服务于我们的经贸，服务于我们中长期的合作安排。

65个国家，一下子把环保做好不容易；环保工作还要服务于整个国家的运作机制，就更不容易了。亚投行是一个很好的合作机制，已经有人、财、物了。现在我们65个"一带一路"沿线国家并没有形成一个联合体，现在机构也没有。这说明我们之间的合作还在初步阶段。到一定的程度，就会有机构，人、财、物的投入就需要跟上，以服务于整体机制的安排。

当然我们还会面临一些困难，包括我们在法律沟通上会遇到一些困难。不同的国家对法律的理解有不同的想法和疑虑。另外是文化问题，比如说我们60多个国家中，很多是伊斯兰国家。中国有些商品出口到这些国家时居然还打"猪八戒"的商标，这样的商品使伊斯兰国家很吃惊，他们不敢买这些产品。类似的问题很多，我们必须要沟通，了解人家的文化。另外还有宗教问题，这60多个国家中不仅有伊斯兰教国家，还有基督教国家，还有佛教国家，等等。对宗教问题一定要有很好的沟通。

在一些非洲国家，如果大象死了，人不应该去动它的。有些中国人觉得既然大象已经死了，就可以把象牙取下来，不然就太可惜了。如果你取下来，在人家的国家就违背了人家的文化，甚至触犯了人家的法律。我们要了解人家的风俗，要尊重人家的习惯，这是互相了解的过程，也是互相学习的过程。

我要说的第三句话，是关于我们怎样把"一带一路"环保工作做好的问题。我们的基本想法是，做好互动环保和自律环保这两种环保。这是我们在研究中提出的一个重要的概念。互动环保，是指中国对外投资的时候，要了解东道国的环保标准，并和合作伙伴国共同商定各自应负什么样的责任。自律环保是指中国政府和中国企业在规划"一带一路"的项目投资和经营合作的时候，一定要有环保的理念，要有高度的环保标准和相应的配套准备，随时准备实施相应的环保协议，要付出自己的努力。自律和互动的结合非常重要。你不可能包揽所有的事情，但是中国也不应该降低世界各国对环保的希望和要求。

对于互动环保而言，我想需要考虑这么几点：

第一，我们要熟悉和运用环境保护的国际标准，这个在我们互动环保中是非常重要的，我们按照国际标准走比较好。

第二，吸引国际机构共同参与"一带一路"的建设，因为很多国际机构在环保方面都有自己的理念，有自己的经验，我们要吸引国际机构来参加。

第三，"一带一路"倡议应和有关的区域合作战略对接起来。现在我们正在对接过程中，包括与英国的对接、与蒙古的对接、与俄罗斯的对接等，这样的对接对环保非常重要。

第四，与相关国家在环保领域的合作要具体，要细化主题，不是笼统地说环保，要具体到某一项，如碳排放、二氧化硫减排、水污染治理等，一定要细化到具体的方面、具体的项目。

第五，要积极地借助和支持国外的 NGO，让他们参加进来，比如说我们的密云水库目前所遇到的环保问题，有的 NGO 很早就提出来了，并且是很好的意见。

谈到自律环保，我认为一是要帮助国内企业提高绿色环保意识和水平，如果企业没有达到一定的绿色水平，就先别出去了，即使你今天出去了，明天也有可能被赶回来；二就是要及时发现和宣传我们对外企业绿色环保的成功事例和经验，比如说远大空调现在得到了"地球卫士"的荣誉，其实远大空调做了很多的东西，特别注重环保，已经受到很多国际组织的表扬，我们在企业宣传中要把这些东西体现出来；三是设计激励绿色工程的激励政策，只要你在绿色方面做得好，政府就应该有所支持；四是修订和细化完善对外投资的环境行为指南，现在已经有指南了，我们需要把它修订得细一点；五是我们绿色的"一带一路"要从国内做起，从我们的西北、西南等地开始做起，我们在这方面有很多的事情要做。

最后，我提几点相关的政策建议：

首先，做好我们环保、绿色方面的规划和分类，提出中国对外投资项目的环保政策和措施。

其次，我们要完善和扩充环保部的国际信息平台，尽管他们已经做了十几年了，但是他们的面太窄了，现在正在扩充。

再次，就是要建立和完善对"走出去"企业的环境管理制度，并对"走出去"企业进行培训。经过培训后还达不到环保要求的企业，最好先自己继续提高一步，然后再走出去。我们不能使污染"走出去"，这个就很糟糕。当年有的国家把污染严重的产业转移到中国来，我们今天要吸取这个教训，不能再把我们的污染转出去了，这绝对不应该是我们中国的做法，我们希望我们的企业家在这个方面做得更棒。

最后，我们要支持民间的环保组织"走出去"。

总之，"一带一路"是中国顺应经济全球化提出的伟大倡议，是中国未来发展的一个必然趋势。"一带一路"倡议要想顺利地开展，就要为沿线国家的绿色发展服务，要让环保融入咱们的这个战略中来，通过推进绿色的"一带一路"倡议，我们的地球会变得更绿，"一带一路"沿线国家会变得更绿，我们的国家也会变得更绿。

谢谢大家！

关于投资合作和对中国未来
发展的基本看法

吉尔吉斯斯坦前总理　卓奥玛尔特·奥托尔巴耶夫

女士们、先生们，大家早上好！

　　你们在百忙之中抽空前来参会，希望我的发言对你们有所裨益。同时，我希望我们的论坛能够持续下去，提出一些好的政策建议。我认为主办方选择的话题非常好，这次讨论是中国对外投资与新兴市场国家之间的经济合作。我昨晚见证了北京师范大学成立了"南南合作研究中心"，这是非常重要的。我想首先与大家交流一下中国在促进南南合作以及在与其他新兴市场国家之间进行的合作应该是什么样的合作，然后我会提出一些建议，希望能对中国的学者们或者其他方面的人士有所帮助。

　　政治家总会想到就业的增长，还有基础设施投资等问题。我们需要吸引外国的投资，因为投资会带来就业机会，也能够带来一些资源，这些资源是国家和当地政府所急需的，能用于发展基础设施建设。所有的国家都希望能吸引到很多的投资，但是各个国家的情况不一样，人口受教育水平也是不一样的，地理位置也不一样，每个国家的历史和文化都是不一样的。因此，在投资问题上，我们应该根据具体情况来做决策，但同时我们也明白，普遍性的规则同样是适用的。基于我个人的经验，我想与大家分享的第一个主题是我关于投资合作的一些看法。

第一点，一定要使当地民众能够参与到投资中来。一个重要问题就是人力资本的问题，有些国家的人口受教育程度不是特别好，这对投资者来讲，是一个问题。

第二点，一定要有法治。这是一个一般性的规则，要遵守游戏的规则。不应该存在官方的规则、非官方的规则、潜规则之说，而是应该有普遍的规则，每个人都应该遵守的规则，而且我们应该有最好的立法机制。这是我对所有国家的建议。如果国家想要获得投资、吸引到投资者，就必须有好的法律。

第三点，反腐败非常重要。一些投资促进机构非常关注反腐败的问题，但是每个国家可能都有一些不成文的规定。这些不成文的规定越少，对于投资者来说就越好。

第四点，未来的投资者在做出投资决定的时候，他们希望参考目前的情况。他们会问，这里是否有劳动力方面的问题，是否有安全的问题，是否有行贿的问题等。他们也会问其他的投资者，对于这些问题的看法以及他们的投资经验，所以我们要尽可能地善待投资者，对投资者要非常透明。

第五点，是基础设施的问题。基础设施建设是我们和中国政府进行合作的重要领域，我们希望通过"一带一路"合作，能够使我们的基础设施建设加速发展。如果没有基础设施建设，没有道路，是很难吸引到投资的，所以我们期望能够建设出一条贯通中亚地区的新走廊。我们是内陆国家，我们的思维理念和其他地方不同。如果你有海，你就有世界，但对内陆国家而言，则不是这样的。我们目前所走的具有革命性意义的一步，就是中亚终于不再被内陆包围了，我们可以和其他国家联系起来了，至少可以和中国、印度、俄罗斯这三个金砖国家联系起来了，然后通过亚洲走入欧洲。我们的想法非常简单，只要愿意去改变，只要政策是清楚明了的，那么在吸引投资方面就会成功。

第六点，需要提一下公共管理，就是通过公共管理制度建设以及加强公共管理，做到有效地打击腐败，有效地吸引私人部门的投资者更多地参与进来。有的国家的投资环境好一些，没有官僚做派，投资效果就会好一些；有一些地方在这方面做得不够好，需要改进。

现在中国的投资者在世界各国都有，他们有自己的投资战略和具体做法，他们也去各地了解实际情况，就像刚才李晓西教授所说的那样。实际上，最简单的做法就是越透明越好。你的政策越透明，你的投资环境就越好，投资者的商业经营条件也就越好，投资者也就不会想去其他地方寻找更好的投资环境了。我想要跟大家分享的第二个主题是中国目前所面临的挑战。

中国目前的一个重要挑战，就是要十分注意和重视我们所说的"中等收入陷阱"问题，也就是说，当 GDP 达到一定水平的时候，经济增长会减速。之所以这样，是因为人们变得比较富裕了，他们就不用再努力干活了，他们就会花更多的时间去休闲、度假，他们不再像父辈或者是祖辈那样卖力干活了。有的国家在短期内就克服了"中等收入陷阱"的问题，有些国家经历了许多年的时间，也没能跨越这个陷阱。

基于我对中国的了解，我的建议就是，中国应该更多地注重创新，而且中国现在有实力去做创新的事了。经过一些年的努力，中国已经证明了自己是具有强大制造能力的国家，但这是不够的。一般制造不能把中国带到新的发展高度，如果中国想到新的发展高度，唯一的办法就是研究与发展、教育和创新。中国有很好的范例，有很好的高科技公司，令人骄傲，比如说华为、联想等。

现在中国应着重于基础研究。看一下诺贝尔奖获得者，有多少人是中国人，有多少人是美国人，问题就很清楚了。首先应该十分重视科研文章的发表，然后应该重视科研成果的转换，使科研成果可以在高科技公司使用。我坚信，中国将来会有很多的诺贝尔奖获得者，然后就会吸引到更多的顶级的外国投资者来到中国。中国作为最大的新兴市场国家，也将会是最大的外国投资者的投资目的地。

中国不断扩大对其他新兴市场国家的投资，同时更多的外国投资者也到中国投资。我对这两方面的前景都十分看好，关键在于我们应该确立什么样的战略，制定什么样的政策，来促进这样的投资合作。我希望我们的论坛最后对此会有一些有实践意义的结论，这样我们就可以相互学习。我希望未来再回到这个话题时，能够看到我们今天在这里所说的一切都变成了现实，我们都真正成功了，那就说明我们今天所说的是正确的、现实的、有意义的。

谢谢！

拉丁美洲向中国学习什么

拉丁美洲开发银行行长　恩里克·加西亚

首先，从拉丁美洲的角度来说，毋庸置疑，拉丁美洲跟中国的合作伙伴关系，包括贸易和投资，尤其是在过去的 15 年中成绩卓越。所有的努力不仅和我们发展的纲领有关，还跟我们发展的战略有关。我们是一家拉丁美洲的开发银行，跟非洲开发银行和世界银行差不多，但是有一点不一样，那就是我们是唯一由新兴市场国家来掌控的多边区域性银行，我们没有任何区域外的捐赠方。我们的成员国有 20 个，只有 2 个不是拉丁美洲国家，即西班牙和葡萄牙，他们是合作伙伴，不是捐赠方。我们和世界各国有非常好的关系，和中国、日本、美国、俄罗斯关系都很好。我们现在每年提供 120 亿美元的贷款，相关投资每年达到 150 亿美元。我们应该把发展战略跟我们的投资联系起来，我们希望在各国进行投资。

其次，我想着重与大家讨论一下目前拉丁美洲所面临的挑战与问题。

总体说来，拉丁美洲在过去的15年中表现非常不错，实现了很多目标，跟世界其他地方的发展保持同步。但是，拉丁美洲的经济增长与发展，不是最好类型的增长和发展模式，为什么这么讲呢？因为我们太依赖于传统的比较优势，大幅度地依赖于基础商品和廉价劳动力。我们最近几年的经济发展不错，近10年我们的贸易增长非常好，并且我们的减贫成绩也非常好。但同时也应该看到我们有一些不好的地方，比如说今年的GDP平均增长率就是低于1%的，而不是以往的5%。挑战在哪里呢？挑战在于如何能够建立起持续的、稳定的经济增长模式，创建高效、包容的经济增长模式。相应地，现在我们要思考的问题是，我们和中国的合作需要实现什么样的目标。比如说，我们70%的经济都依赖于初级产品的出口；再比如说，我们的储蓄率很低，加上政府的储蓄率也只有18%—19%，这跟中国40%的储蓄率相比，实在太低了，尽管我们不能假定我们也能达到中国这么高的水平，但20%总还是可以的吧。

再次，关于投资，这是经济增长的引擎。拉丁美洲的投资率是20%，这是不够的，如果我们想要以5%—6%的速度增长，我们至少应该将27%—28%的GDP用于投资。

我们的就业的确还不错，但跟中国相比，和世界其他国家相比，仍然是做得不够的。

我们在减贫上有不菲的成绩，成千上万的拉丁美洲人已经摆脱了贫困，进入到了中产阶层，但我们的基尼系数现在仍然很高，还有待于进一步消除不平等。

因此，我们很希望通过与中国加强合作，来更加完善我们的战略，从而培育和形成稳定的、包容的、环保的经济增长模式，希望我们未来的经济增长模式逐步从传统的依赖大宗商品出口转移到生产高附加值的产品上来。当然，我们仍需要自然资源，但最重要的是我们要用技术、创新给这些自然资源带来附加值。

那么，我们从中国的实践中可以学到什么样的经验呢？中国的投资在拉丁美洲能够发挥什么样的作用呢？

首先，中国从世界上吸引了大量的资金和技术，以及大量的创新，这是中国拥有今天的地位的重要原因。我们也很想这样做。我们也鼓励从中国来的投资，因为中国对拉丁美洲的投资可以直接弥补拉美在储蓄和投资之间的缺口。不仅是着重于投资我们的传统商品，最好是把技术和创新也带给我们，然后充分利用我们拉丁美洲市场的潜力。拉丁美洲与世界的其他地方有自由贸易协定，所以你们可以充分使用这样的平台，不仅把产品出口到拉丁美洲，也可以出口到跟我们有自由贸易协定的其他国家，比如说美国。

其次，中国建设起了良好的基础设施。基础设施之所以重要，是因为基础设施是任何发展战略中的非常重要的组成部分。拉丁美洲现在只把 3% 的 GDP 用于基础设施建设，相比而言，中国将其 10% 的 GDP 用在基础设施建设上了。所以我们希望至少把基础设施的投资翻一番，这一点非常重要。中国不仅有资本，同时也具备基础设施建设能力。

最后，还有一点是非常重要的，那就是环境。我们必须在拉丁美洲保护我们的自然资源，保护亚马逊河。尽管我们需要建设新的水坝、新的道路，但同时我们必须十分谨慎地保护我们的环境。我听到刚才李晓西教授的发言，看到中国认真考虑这一问题，我感到非常高兴。我们希望能保存好拉丁美洲人们的生活方式和所有的物种，我们希望给未来留下非常丰富的遗产。

总之，我们和中国的一些机构保持着非常良好的关系，我们定期召开一些年度会议，都非常成功。我们也非常积极地参与很多活动，比如说今天的活动。我们非常期待能够更积极地参与一些大项目的融资。我们希望能够进一步加强我们之间的联系，我们希望中国继续成为我们坚实的合作伙伴。正如刚才主持人所言，当中国投资拉丁美洲的时候，有些国家可能会抱怨中国的投资带来了很多的劳动力，没有用当地的劳动力，因此，中国的投资需要更多地融入进当地社区。我们除了要加强经济联系外，还应该加强政治文化联系。我坚信，新兴市场国家在未来都将是世界上非常重要的国家。

谢谢大家！

中国企业走向拉美：问题与建议

中国社会科学院拉丁美洲研究所所长　吴白乙

感谢关成华老师给我这个发言的机会。我也要感谢友协的领导这么慷慨的支持，让我回到了和平宫，这大概是北京很多的会场中我最喜欢的地方之一。当然我也要特别祝贺胡必亮教授在这么短的时间内就实现了他的中国梦之一，因为去年他就跟我说要在中国举办新兴市场论坛，因为中国是世界上规模最大，也最具活力的新兴市场，如果这样的论坛不是在中国举办，其影响力和合法性就会很有限。

我也非常高兴，有这么多高规格的嘉宾齐聚北京。我今天听下来，非常感慨在对外友协的和平宫面对着来自亚非拉的朋友，我有些恍惚，仿佛回到了 20 世纪的 60 年代，中国那个时候大规模地向亚非拉国家伸出友谊之手。那个时候我们手里面的东西主要是毛主席思想，我们没有那么多钱。今天这个主题是讲中国对外投资，大概三十年河东，三十年河西，老的论调又回到我脑子里边来。我觉得确实，新兴市场、发展中国家这样的主题应该是学术研究的主要话题。我过去不是做发展中国家研究的，但是我原来的同行们跟我说，他们现在特别希望跟我一块儿到拉美去。对于这个会议的意义，昨天有很多的嘉宾都已经谈到了，我也特别感谢恩里克·加西亚行长刚才在我之前谈了有关拉美的话题，比如中国对拉美的投资等。他讲到，拉美地区非常有活力，而且保持了很好的经济增长，但是今年的经济增长情况不太乐观。这就像我们昨天刚刚听说中国的 GDP 增速在第三季度下滑到了6.9%，这有可能是中国和拉美经济体共同面临的经济发展新常态吧。这样的新常态可能还要持续一段时间，它逼迫我们做出结构性的调整。

刚才加西亚行长提到，拉丁美洲需要在全球物流和产业链里找到自己的合适位置，从纯粹的大宗产品出口提升它的位置，生产更多有附加值的工业产品，这恰恰是一个新的吸引中国投资的增长点。我要谈的主要问题是中国的对外投资，特别是对拉美的投资问题。我想这是在中国经济新常态下，当企业在盈利空间受到挤压、国内市场压力增大的情况下所形成的一种自发趋势，尽管这个趋势还处在启动阶段。

过去五年来，温家宝总理、习近平主席、李克强总理不断地访问拉美。官方的支持、官方政策的设想和规划，我想都已经做得很到位了，但是现在有一个很大的问题，就是市场的主体、投资的主体是企业，而中国的企业去拉美，在数量和规模上还是很有限。门类都很窄，像我们熟悉的"两桶油"，外加粮食、矿业类。这些行业在过去一段时间在拉美的投资比较活跃。当然，也有华为这样的成功企业。华为的老总任正非先生总跟我说，不要把华为当成模范，因为华为在中国企业发展过程中，特别是海外拓展中永远是一个例外。他没有和我充分探讨这个问题，但是我觉得我们现在面临着的新问题就是这么多的企业要走出国门，要走向遥远的拉丁美洲，我们所面临的问题主要是什么。

第一，中国企业面临严重的信息了解不够。长期以来我们对拉丁美洲的了解，对媒体、政府部门所发布的信息的认知不足，对一些国别的基础知识都很少，相关的专业人才更是不够。我们中国还没有达到全面了解其他国家的阶段。像北京师范大学，我不知道它有没有西班牙语系，懂西班牙语的中国人比懂英语的要少很多，这方面企业的需求量非常大。中国教育在专业设置和人才培养方面，为适应当前快速发展形势的变化而采取的措施还比较有限，导致我们对拉丁美洲的基本信息了解不充分，不够对称。

第二，企业一旦"走出去"以后，对拉美地区的政策、制度、环境可能会不适应。企业一般要有三至五年的适应期。拉美不是我们比较熟悉的日本和英美这些国家，相对来说了解的时间更短一些。不适应的原因既有拉美地区国家的法治程度、执法效率的问题，也有中国企业对对方制度环境、社会环境不够了解的问题。包括对于宗教、文化的理解，我想中国人在这方面的补课需要的时间更长。

第三，很大的挑战与制度有关。拉美的社会结构包括劳工制度，给中国企业确实出了很多难题。刚才加西亚行长也提到了，特别要注意融入本土，中国在那投资应该是本土化的。这个问题提得非常好，但是我听到了中国方面、中国企业家的故事，我们的企业出去是有合同的，有盈利预期的，特别是一些民营企业，要走到拉美，并且站住脚，必须要有很大的盈利空间。从基本面来说，盈利潜力是很大的，但往往最初要亏钱，有的企业甚至坚持不住，其中一个很大的问题就是因为拉美地区提供的劳动力素质是有问题的。还有劳动观念问题。我和智利发展大学管理学院的院长从明年开始要做一项基础研究，是关于拉美地区甚至包括美国、加拿大新一代工人的劳动观念和劳动价值观的研究。这项研究，我想对于如何认识中国的 80 后、90 后的新一代、富二代的问题，也是有借鉴意义的，应该是一项很有意思的研究。话说回来，劳工问题确实是困扰中拉之间，甚至是困扰整个中外长期投资可持续性的大问题，因为企业在拉美地区会遇到强大的工会势力的挑战。拉美地区很高的社会福利也是一个问题。公平和效率之间总会存在取舍的，如果是过于公平了，人有可能会变懒，会躺在支票本上，躺在福利制度红利上，而不会像中国人那样勤奋，那么起早贪黑，那么地愿意为工作加班。这是很大的困境，也是中国企业界面临的很大的问题。

第四，也是最后一个问题，是政府和企业之间的问题。中国"走出去"，政府和企业之间还没有形成高度集合的资源及能力的协调，这个问题也是相当突出的。比如说日本企业在这方面的经验非常值得中国学习。中国的政府部门、中国的各类专业协会，怎么样有效地配合、支持企业"走出去"，这是个新的难题。所以说中国在对外投资方面，虽然从资金实力上看已经强大起来了，但实际的肌肉弹性和软力量还需要进一步建构。

鉴于以上所提到的种种问题，我们提出以下几点建议：

第一个建议，我们应该大力加强政府、企业、学术界之间的多种资源进一步整合，从而为企业"走出去"提供强有力的智力和政策支持。包括金融、信息这些方面需要建立更多的合作平台来共享。

第二个建议，中国企业走出去需要遵循法治，也需要在环境标准方面做遵纪守法的模范。我们也需要更好地开展自身的教育培训，包括对境外劳动力的多种培训，我想这都是新的合作增长点。这个劳动力的培训，光靠任何一方都是不行的，应该是切切实实的实际活动，所以我觉得像北京师范大学这样著名的教育机构应该从职业教育这个角度涉足这个领域，特别是在境外培训方面应该发挥更加重要的作用。现在的境外孔子学院的培训，我想更多的是文化方面的教育，而劳动技能这个方面的培训比较少，我想我们应该在这个方面做出新的尝试，要培养好的、具有竞争力的境外劳动大军，与中国的境外投资能够实现长期的默契互动。

最后一个建议，我希望在对外投资方面，中国是主动方。中国国内应该建立更好的平台，从法律咨询、融资咨询等方方面面，形成更好的服务平台，而且这个平台不仅是要在中央层面，不仅是在国家的主要的贷款机构，而且还应该深入到地方政府的层面。我们从今年开始，在深圳、山东、上海、甘肃、四川等地，做了很多的调研。根据我们的调研数据，企业对这方面的需求非常大，但是我们政府的有效服务，特别是在"走出去"的服务上存在很多问题：第一，我们的政府官员还缺乏足够的经验和能力；第二，我们的服务意识还有待于提高；第三，应该切切实实地接地气。总之，政府各部门要真正沉下心来为企业服务。这样的话，才能进一步经营好中国"走出去"的大战略，服务于中国经济社会的健康发展，同时也造福于"走出去"的目的国，造福于当地群众。这样也会使中外发展更加和谐、更加平衡、更加可持续发展。

　　谢谢大家！

发展工业园，推进工业化

肯尼亚恩达鲁谷工业园区执行董事　汪嘉·米丘基

大家早上好！首先，我要感谢论坛组委会，感谢李会长对我本人发出邀请，也感谢为我们会议做了大量筹备工作的人。我们讨论新兴市场的问题，无论是昨天还是今天，发言人给我们画出了总体的蓝图，我们的南南合作怎么样进行下去，我们怎么样进一步推动我们的经济发展。我来自于肯尼亚，我们的前总理非常充分地描述了肯尼亚现在的需求，我们现在的需要就是进行工业化。

首先，我给大家介绍一下肯尼亚的恩达鲁谷工业园。这个工业园的业主、土地的所有者跟我们政府一起，希望可以建立社会企业，充分地创造就业，也希望能够成为肯尼亚经济的发动机，促进包容性发展。

肯尼亚位于东非，通过印度洋与中国、澳大利亚、美国、中东等遥相呼应；通过苏伊士运河，与欧洲相通。世行已经认识到，肯尼亚将会成为非洲发展最快的经济体。在今年 3 月的一个预测中，世行预测肯尼亚的经济增长会达到 7%，但最近被下调到了6.5%，即便如此，我们仍可以预见其作为非洲大陆领头羊的发展趋势。

位置决定一切。恩达鲁谷是我们工业园的名称，它在高速公路旁，在内罗毕以北 30 千米的地方，附近有拉姆国际机场。这个机场把埃塞俄比亚和肯尼亚、南苏丹连接起来，然后还通过内罗毕一直向西连接。中国为这个项目提供了资金和建设帮助，最终也为我们建设了这条走廊。

恩达鲁谷工业园已经运营一年多了，我们从联合国工业发展组织、肯尼亚中央政府和地方政府得到了很多的帮助。政府最近给我们建立的特别经济发展区一共占地 180 英亩（1 英亩 =4 046平方米），还让投资者可以获得税收优惠和关税优惠。在特别经济发展区所生产的这些产品，可以直接出口。

我们的奥廷加总理给我们介绍了肯尼亚 2030 年的发展蓝图：到 2030 年的时候，肯尼亚将会是一个工业国。

这里的一切都是符合 2030 年的发展愿景的。我们和美国的自由贸易协定又将延续 10 年，直到 2025 年，这样的话，我们这个工业园里生产的产品就可以直接进入美国市场了。这里是一个可以与中国的制造商合作的地方。我们鼓励多样化，肯尼亚现在的情况主要是依赖于我们的初级产品和原材料的出口，包括茶叶、咖啡、花卉，但是我们的制造业有很大的潜力。

东非有一个关税联盟，包括了 1.7 亿多的消费者，我们需要把我们的产业向多元化方向发展，因此现在我们正在寻求合作伙伴。这样的话，我们就可以从技术的转移上获利，可以具有竞争力。希望我们的合作伙伴与我们一起建立强大的制造业，以保证我们在全球进行贸易时的竞争优势。

恩达鲁谷工业园现在主要有牧地、草地、咖啡园，还有采石场。我们可以直接从采石场采石，用于园区建设。我们有很多的贸易者，也有很大的市场，所以我们觉得这个地方可以用来开发，建设更好的基础设施，先让从事木材贸易的商人在这里经营，然后可以在这里进行初级产品加工。

我们这个地方有很多的公共交通设施，因为有很多人从国家的北部过来——北部是我国农业生产的主要区域，他们通常会到这里来进行贸易，规模有 517 英亩。变电站离我们非常近，有两个分电站。这地方水的供应非常好，有地下水和地表水，同时这里位于两条河中间的地带。

我们现在正在进行地理勘测，这样我们就知道我们的土地可以做什么，不可以做什么了。这个项目可以从全国吸引更多的劳动力。我们希望中国企业能够参与到我们的这个项目开发中来。我们已经有一些中国企业了，中国企业为我们提供了新的就业机会，也使得我们的经济开始稳定下来。但正如考利先生所言，我们的人口跟亚洲的情况正好相反，我们的人口年轻，我们的人口越来越多，我们必须不断为年轻人创造就业机会。

我们的融资模式是，让中国的合作伙伴包括政府、企业，也包括新兴市场国家的私人部门来参与我们的项目建设。我们在这片工业园区上建设基础设施，我们花很多的资金去请其他的顾问机构给出建议，我们提供了建设工业园区所需要的一些基本条件。不知道有没有中国的合作伙伴包括中国的中央政府和地方政府或企业愿意来与我们建立合资公司呢？我们在考虑融资模式，同时也要看一下哪些行业会比较感兴趣，愿意进入这个市场。

谢谢大家！

中国与新兴市场国家的城镇化：经验与改进

新型城镇化是一种可持续的城镇化

北京师范大学新兴市场研究院院长　胡必亮

　　我想大家都知道城镇化，但不知道大家是否了解新型城镇化。新型城镇化是目前中国正在积极推进的一种新的城镇化模式。到底什么是新型城镇化呢？我们来讨论一下这个问题，当然我们也会探讨新型城镇化和城镇化的联系与区别的问题。参加我们今天研讨的专家有 7 位，他们都是这方面真正的专家。在这些专家发言之前，我先简单地就这个问题发表一下我的看法，算是抛砖引玉吧。

　　我关于新型城镇化的基本看法，已于两年多前在《光明日报》上发表了。我主张新型城镇化是一个系统的城镇化，而不仅仅只是指某一方面的城镇化。根据我的理解，这个系统至少应该包括六个方面的内容，只有把这六个因素结合在一起才能够实现新型城镇化，而且这些方面是需要有机结合起来的。

　　这六个方面包括自然资源有效利用、经济可持续增长、环境友好保护、社会公平和谐、空间结构合理、智慧城市创建。关于这些方面的具体解释，由于时间限制，我就不展开了。我要强调的是，新型城镇化应该是多种因素综合的城镇化，各个方面都应该做好，而不应该只是强调某一个方面。这是我说的第一个要点。

我们也可以把这些因素综合起来看，用一个关键词加以概括，那就是可持续城镇化。也就是说，新型城镇化是可以用一个词来高度概括的，那应该是可持续城镇化，而不是我们通常所说的常住人口城镇化或户籍人口城镇化。这是我说的第二要点。

要做到可持续的城镇化发展，十分重要的一点就是要充分了解促进城镇化发展的内在动力是什么，进而完善城镇化发展机制。我的理解是，城镇化发展是有机地融入到了市场力量和政府力量之中的，是市场力量与政府力量的均衡。但是，我们过去的城镇化，主要是靠政府推动的，不论是土地农转非、城镇基础设施建设，还是人口流动等，都是由政府控制的，市场的影响力量很小。现在有些不同了，我们开始推行 PPP 模式，传统的户籍制度也有所突破，市场的作用越来越大。但我觉得还很不够，应该让市场在城镇化过程中发挥主导作用。

给大家举一个例子吧。经过改革开放以来 30 多年的发展，中国有些地方的村庄逐步转型成为城镇了，譬如说广东省的雁田村、湖北省的福星村、江苏省的华西村、北京市的郑各庄等，都已发展到基本上是城镇了，但由于逐步实现这样一种变化的力量不是来自政府，而是来自市场，是农民依靠自己的力量实现的变化，因此政府就是不承认这样的城镇化。即使你的人口集聚规模达到 20 万，甚至 30 万了，永远都是农村，永远都叫村庄。

我想我们需要放松政府的控制。现在城市在不断地发展，应该让市场发挥更主导的作用，不能像过去一样，中国所有的城市都是由政府直接设计和计划出来的。我们需要改变这种做法，也需要改变想法。去年，我到智利的圣地亚哥参加一个城镇化研讨会，不少人提出了与我完全相反的问题，他们认为拉美在其城镇化过程中，市场的力量太大了，应该加强政府在其中的作用和影响力。我想这是在不同的历史背景下形成的不同问题，因此我认为最好的解决方案可能需要在政府和市场之间寻求一种平衡，既不能完全依靠政府，也不能完全依靠市场，政府和市场应该各司其职，在城镇化过程中都发挥好各自的积极作用。

城镇化过程中的人口、治理、环境问题

美国林肯土地政策研究院前院长　格里高利·英格拉姆

城市在新兴市场国家中发展得非常快，我今天的演讲主要是讲城市化的主要推动力，怎么样缔造成功的城市、促进城镇的增长，还有城市政策问题。我今天主要涉及的问题是人口、治理、环境、融资技术等。

城市政策非常重要，无论是本地的政策，还是全国的政策。如果本地的政策不好，就不会对全国性的政策有所补充，但是，如果当地政策没有全国性的好政策作支持，即使再好，也不可能成功。城市发展可能会带来很多问题，比如说交通拥堵、环境污染等，但城市发展也有很多好处，有利于生产率的提高和交通费用的降低。我们的挑战就在于要在城市的优势和不足之间找到一种好的平衡。

首先，我来谈谈人口问题。联合国 2004 年对世界城市人口的预期，包括了九组国家，其中日本和欧洲归为一组；澳大利亚、新西兰归为一组；中国属于东亚地区，东亚和太平洋地区被归为一组。40年后，发展中国家的城市居民数量将会翻番，从26亿增加到52亿。最多的增长来自于非洲撒哈拉以南国家，紧随其后的是东亚地区，可能会增加4亿城市人口，中国是其中最突出的例子。

接下来我来谈谈抚养比，也就是说用0到15岁之间的人数加上65岁以上的人口数量，除以15—65岁之间的人口数量，这就可以让大家了解到底有多少人是由现在的工作人口来抚养的。如果抚养比非常高的话，也就是说每个参加工作的人要养的人多，储蓄就会下降。抚养比如果下降，这就是所谓的人口红利，因为每一个参加工作的人所要养的人数比较少，就可以促进经济的增长。东亚和太平洋地区的抚养比增加得非常快，欧盟、日本、美国也是这样。唯一的抚养比有大幅度下降的地区是非洲的撒哈拉以南地区。其他地区的抚养比都在上升。城市人口在东亚和太平洋地区将会进一步上升。抚养比的变化会对中国经济增长产生不利影响。

谈到人口密度问题，我们对于城市地区的定义是用卫星数据来定义的。PPT中显示了每个地区城市人口的密度，以及城市地区的大小。人口增长将在一定程度上转化成密度的增长。如果密度不变化的话，城区面积的增长就会和人口的增长成比例；密度下降的话，城区面积上升就会更快。历史数据表明，在过去的几十年间，城区人口密度的下降程度非常大，每年大概下降两个百分点。

如果密度每年下降2个百分点，到2050年时，城市地区的面积可能会比2000年时增加5倍，发展中国家的城市地区面积甚至有可能增加 7 倍。很多人会忽略城市地区面积的增长，他们认为城区的这种密度将会随着人口的上升而上升，但是并没有证据可以证明这一点。

2000 年的时候，城市地区面积占整个国家总面积的比例，平均不到 1%。当然，城市的发展会吞食一些耕地，我们的预测是基于现在对于城区界限的界定的情况。中国耕地面积占国土面积的 1/8，大概是 120 万平方千米。耕地占用比在东亚和太平洋地区是 6.5%。这是城市增长的溢出效应，我们需要采取更多的行动来减少对耕地的侵蚀。

下面我来谈谈治理问题。现在政府治理存在碎片化的问题，无论从水平方向，还是从垂直方向看。还有部门的碎片化，比如说墨西哥城很多服务都是由两个州来提供，而有些则由 50 个地方政府来提供，还有的是由联邦政府提供。之所以出现功能的碎片化问题，是因为有一些专门机构提供了独立的服务，比如说供水服务、卫生服务、交通服务、供电服务，等等。

现在的问题在于，每个政府究竟应该做什么，不应该做什么，有些不清楚。公共财政应该提供一些指南。还有一些超大城市的政府，比如说约翰内斯堡、开普敦。在发展中国家，这种情况比较少。如果没有城市一级的政府，我们可能需要市政厅进行一些沟通和协调工作，来进行大都市的管理。

另外的一个重点是，市一级的规划需要对城市发展提出一些指导性的意见，并且修建一些基础设施。基础设施方面主要是主干道的铺设。另外一个治理问题就是安全和安保问题，这对于城市来说也至关重要。这里我们采用了全球和平指数，也叫作安全、安保指数，这个指数考虑到了犯罪率、政治稳定、恐怖袭击的可

能性等，这些数据涵盖了 162 个国家的情况，这些国家被分成为
9 个不同的小组。我们可以发现，安全和城市发展之间的联系比
较松散。大家可以看到在非洲有一些地方的指数比较高。随着年
轻人数量越来越多，我们可以看到养育比会下降。但如果年轻人
没有更好的机会，这种人口红利可能会造成人口灾难。

我们已有的数据并没有表明大城市比小城市或中等城市更不
安全。不过，美国大城市的犯罪比例比中等城市的要高。

在发展中国家，地方政府的开支占中央政府整体开支的 2/3，
所以这些地方政府更加依赖于中央对地方政府的经费支持和转移
支付，但伴随着经费和转移支付而来的监管，则造成了地方政府
没有独立性。而在地方一级收取使用费，将会是很好的收入来源。

房产税可以对税收进行很多补充。在 OECD 国家，房产税占
国家 GDP 的 2.21%，但是在发展中国家只占 0.6%，中国政府也
在考虑这个问题。

除了要为服务买单，还需要对基础设施买单。基础设施的投
资预测是基于现在基础设施的存量和 GDP 的情况，每年的基础
设施需要一万亿美元。基础设施的存量和 GDP 有很大的关联性，
但是和城市人口的比例没有太大的关系。我们可以通过借贷为长
期的基础设施提供资金需求，但是借贷需要有监管。地方有很多
的创新，有很多城市正在卖地方债券，有一些还向国际市场销售
它们的债券。如果我们能够很好地监管外汇资产，就可以减少由
这些债券所引发的问题，可以通过债务服务或担保法来解决，各
国也都可以使用私人部门的资金。

目前世行和海外发展援助基金的钱加起来共有 400 亿美元，
而私人部门在发展中国家所提供的资金是世行和海外发展援助基

金所提供的资金的 4 倍多，每年有 1 000 多亿美元，它们可以满足发展中国家 25% 的基础设施建设需求。世行和海外发展援助机构的资金可以满足低收入国家的基础设施建设的需求，即大约每年 250 亿美元。但是，只有 1/4 的经费实际流入到了这些国家。如果能够在清晰的国家政策引导下，而不是在投机思想的引导下，私人部门参与到基础设施建设事业就会更加成功。2010 年，发展中国家 1/3 的人口在贫民窟生活，这个数量会减少。但在撒哈拉以南非洲区域的减少会十分缓慢。到 2050 年，撒哈拉以南非洲国家的人口增加是最快的。是否是贫民窟，我们主要看有没有清洁水的供应，有没有提供合格的卫生条件，有没有足够的生活空间，等等。我们要分辨出需要发展的地方，并且去建立主干的交通道路和核心的基础设施。如果发展之前就去进行基础设施建设，代价比发展之后再去建设这些基础设施要少 2/3 的费用。

尤其是主干道建设，一旦开始，就必须进行拆迁，这些费用就更高，所以我们可以在开发之前就提供服务，通过这种方法来引导城市的发展方向。城市的减排也是非常重要的一个问题，现在我们就应该着手处理这个问题。目前我们大部分的减排措施都是国家级的，而不是从城市的角度开展的，从斯德哥尔摩的情况来看，通过提升建筑物的利用效率、交通的利用效率、照明效率，可以减排 15% 到 20%。

我们再来看一下能源的生产。为了减少二氧化碳等温室气体排放，需要提供非碳的发电来源。在以后的 5 年中，风能和太阳能的成本将会降低 58%—78%。传统的化石能源发电大约是每兆瓦小时 40 美元到 140 美元。风力发电和太阳能发电将越来越具有竞争力。但是风能和太阳能的利用依赖于天气和日照的长度，现在还需要能量储存技术的进一步发展。风能可以满足发展中国家城市地区的家庭用电。现在发展中国家的家庭平均用电比OECD国家低很多。新技术的使用可以提高我们的效率，比如我们可以监测实时数字，使用智能设备和仪表，使用新能源或者新型汽车。新的系统也会更多地得以使用，比如说无人机和机器人，这些可能具有难以预测的颠覆性影响。当然，新技术也会带来很多风险。我们必须要保证我们的技术是可靠的、强大的，并且能够抵抗黑客的袭击。

这些是更加具有未来视野的想法，看起来似乎和发展中国家没有关系。但是，现在里约热内卢已经有一个拥有600多名员工的控制中心，他们协调30多个政府机构的工作，实际上这是一个庞大的控制室。现在已经有很多绿色智能城市试点，中国天津正在建立生态城市，其他的还有韩国、阿拉伯联合酋长国，还有肯尼亚等。刚才我提到印度2020年的时候将会有100个智能城市。现在我们需要选择相关技术，可以有一个从上到下实施的技术，就像IBM——他们有基本的软件和开发的数据来控制所有的措施。这些系统也是有现成范例的，如果说想要有工程效率的话，需要从上到下的系统；如果要提高客户服务，需要有一个开放的系统。对于中国而言，我列出了7个需要关注的问题，供大家参考。

一是人口问题。我认为在以后的40年中，抚养率会增加30%，这将会对经济有非常大的影响。

二是中国城市区域的人口密度正在减少，而且减少得非常快，这是过去的30年中观察到的趋势，我们应该终止这种情况，然后稳定城市的密度。

三是关于治理的问题。关键的问题是要对职能部门进行协调，现在没有综合规划，也没有大都市区的协调规划，这种情况需要改变。

四是在城市融资方面的问题。现在我们需要对地方财政来源进行改革，减少土地财政的收入。在"十一五"计划中提到了房产税，现在已经是"十三五"了，还没有实行，这个过程有点太慢了。另外，需要注意市政机构的借债活动，现在有的地方债务增加得比较多。

五是关于城市住房建设问题。现在需要大量的经济适用房，也有很多的建设计划，但是开展得比较慢。

六是环境问题。显而易见，城市的空气质量需要进一步提高，与此同时还要减少温室气体的排放。

七是技术方面，中国使用了自上而下的解决方案，但是中国也需要非常关注创新，创新不总是自上而下的。

谢谢大家！

中国城镇化的经验、问题与改进

中国社会科学院经济研究所教授　郑红亮

很荣幸来到这样一个高层次的论坛。我今天主要谈三个问题：中国城镇化的经验、问题与改进。

中国城镇化的主要经验：工业化带动城镇化，这是中国很重要的一个经验。有些发展中国家的大城市出现了贫民窟现象，主要就是因为工业化过程滞后、城市化过分超前发展所导致的。

第二个经验就是农民可以进城务工经商。原来的计划经济体制是不允许的，如果农民进城的话，就说是盲流，现在农民逐渐可以进城工作了。

第三个经验就是地方政府经营土地的积极性比较高。原来城镇化水平比较低的时候，城市土地的价值没有被发现；后来地方政府通过加强基础设施建设，土地的价值得以发现。在地方政府推进城市发展的过程中，其资金不可能都是由上级充分提供的，所以地方政府需要通过土地开发筹集这些资金。

第四个经验就是城镇化和新农村建设比较好地结合起来了。比如说，江苏的华西村就是一个典型，农民通过发展工业和通过城镇化，过上了富裕的生活；浙江义乌的小商品市场也得到了很好的发展，如纽扣市场等都发展得很好，这也是比较成功的发展经验。

目前的主要问题有三个：一个问题就是城镇化落后于工业化。本来相互之间应该形成良性互动关系，但客观上现在城镇化有些相对落后了。

另一个问题就是人口的城镇化落后于土地的城镇化。这有很多的原因，其中很重要的一个原因就是土地财政机制。开始的时候应该说是优点，但后来有点过分发展了，走向了极端。地方政府为了多卖土地，拼命圈地，使城市的规模过快地扩张。

第三个问题就是土地财政的扩张，造成房价过快上涨，城市居民生活成本上升过快。

第四个问题就是造成了地区发展的更加不平衡，东部地区大城市发展膨胀，中西部城市尤其是中小城镇发展比较滞后，出现了比较严重的大城市病，如交通拥堵、雾霾等问题。

如何改进呢？国家于2014年3月出台了《国家新型城镇化规划（2014—2020）》，里面说得比较详细了，有兴趣的可以详细阅读。另外，国家新型城镇化已经有试点了，可以将一些地方的成功经验推广到其他地方。

我想在这里提几个要点：

一是推进以人为核心的城镇化，刚才胡必亮教授已经讲到了。

二是要解决好"四化"同步、城乡统筹兼顾发展的问题。

三是改革和完善体制机制，其中的一个关键性问题就是户籍制度改革。昨天蔡昉副院长和李实教授都讲到了户籍制度改革的问题，如果户籍制度改革成功，就能够改变目前所谓的逆城镇化问题。蔡昉副院长说了一个情况，如果农民工到了40岁在城里落不了根，就有可能回到农村去，这确实是严重的问题。也有分析认为如果户籍改革成功了，让农民工成为城里人，与市民一样享受同样待遇的话，有可能带动他家里人包括其父母都到城里来，这样的话就对城镇化有很大的推动作用，所以户籍制度改革非常重要。

最后一个方面的工作，就是如何优化城市群建设的问题。像长三角、珠三角、京津冀地区，都比较好地实现了城乡一体化发展，这样城里的居民和郊区或农村的居民可以享受到比较同等的待遇，人们就没有必要都挤在大城市了，就愿意分散地住到其他地方了，这可能是一个好的解决办法。

谢谢大家！

致力于促进城乡一体化发展

南非农业开发与土地改革部部长　古吉莱·恩昆蒂

各位嘉宾今天的发言涉及很多重要的问题，我也想从这些方面来谈谈我的看法。

第一点，我们关注一体化的发展、综合的发展、城市的发展。我们在南非也在谈城市的综合性发展问题。我们在谈这些问题时，要立足历史，每个地方的情况都是不一样的，比如说在南非，如果要想做城市规划，电信设施和交通设施发展尤其重要。

因此我们制定的规划要涵盖这些内容。我们制定了一个2020年的发展计划。我们要考虑到各种可能性，如果规划得不好，就可能带来一些灾难性的后果。而且我们要考虑到气候变化等其他因素的影响。

从城市发展方面来看，我们要考虑到城市的历史、可持续性发展、城市的增长、供水的问题，还有其他一些方面的问题。

南非的情况是有两种经济体，一种是富裕地方的经济，它们和国际市场的连接非常强；另外一种是非常贫穷的地方的经济，即黑人经济。我们要考虑两者之间的联系。过去，黑人只是为白人提供服务，黑人被白人剥削，现在我们需要改变这种状况。城市地区和农村地区的联系也很重要。南非的情况非常复杂，我们政府面临的形势非常复杂。

农村地区是非常广大的市场，是主要的出口来源，所以我们要进行改革，推进城市化的发展。

第二点，我们应该鼓励农村地区的商业发展。南非有一些欠发达地区，其中蕴含着很多发展机会。过去的就已经过去了，我们没有办法再做些什么，我们要往前看，要着重于抓住未来的发展机会。

我们和肯尼亚的情况非常相似，我们也派了一些代表团去肯尼亚学习他们的经验。比如说，怎么样提供更好的公共服务。我们也到中国，希望学习一些中国的经验，因为我们在农业发展方面存在着一些相似点。

到 2030 年，我们希望我们的经济能够进一步可持续性地发展，我们需要南非最大的商业银行为我们提供这种战略性的支持。它做出了一些贷款方面的承诺——每年 10 亿（美元）。所以在接下来的几年中，它将提供大笔的资金用于城市化和城市的发展。我们要对它的投资进行保护，其中有一些是银行的投资，有一些是政府的投资，每个人都想投资这些大项目。所有这些都需要很好的物流，我们需要很好的计划，这样我们才能够在价值链上进一步地往上走。

大家对非洲的投资非常感兴趣。未来十年，南非有非常多的投资机会。

非常感谢大家！

实施城市运营模式，促进
中国新型城镇化发展

华晟基金董事长、中信地产副总裁　林竹

首先非常感谢主办方中国友协和北师大新兴市场研究院举办这个国际论坛。我今天与大家分享三点体会。

第一点，是关于中国城镇化发展的基本思考。因为现在我们面临这样的情况：今天大家看到了很多国际化的数据，包括一些经验。那么是不是整个世界上有一个统一的、放之四海而皆准的城镇化发展的道路呢？从我们中国过去30多年的发展来看，应该是不存在的。最近我们在做一些非常实际的项目。在过去的十几年当中，我们公司做了很多的综合性开发，这些项目在国外来看都是匪夷所思的事情。开发规模是以10平方千米为单位的，在欧美国家看来，已经是大得不可理喻了，但在发展中国家尤其是中国，我们已经司空见惯。我们今天在座的有一些是从事规划设计和开发建设单位的领导或专家，从事这种以平方千米、以千亩级为单位的项目开发，应该是一种常见的状况。那么在这样一种大规模发展状态下，我们感觉中国的整个城镇化的发展道路，应该完全是基于中国的政治制度和土地管理制度的。

这两个制度决定了我们整个城镇化发展的路径和机制，这样的发展经验是完全有别于发达国家的。当我们站在发展中国家的角度去看发达国家的时候，我们很容易把它们的状态当成我们学习的经验，这个应该只是个误解。状态是可以参考的，比如说当某个国家的整个城镇化率达到80%或90%时是什么样的状态，以及这个状态下对应的优势如何，怎么样从30%变成为50%，甚至到80%，整个过程中所表现出来的经验是有用的。但是，这个过程的路径是不一样的，山的顶只有一个，但是各国上山的路径不同，每个国家都有自己的经验。这里我想跟大家分享一点体会。中国以及新兴市场国家应该寻找自己的出路，这条出路的根基就是自己的政治制度和土地管理制度，以及由这两个制度延伸出的一系列金融制度、产业发展制度等。这些制度的好坏完全是相对的，没有绝对的好或者坏，我们可以比照和参考。

第二点，在整个中国的发展过程中，我们结合了政府和市场的力量。刚才胡必亮教授讲了，我们作为一个发展中国家，从开发商的角度和投资的角度来看，我们看到的和别人看到的是不同的，和政府看到的是不同的。我非常赞同十八届三中全会对于新型城镇化的判断，中国未来的城镇化走向应该是以市场为主导的城镇化方向，但政府将依然起着引导的作用，也就是政府引导，市场主导。在过去30多年的时间里，中国的城镇化为什么能够那么快速的发展，每年平均超过一个百分点的增长，因为政府强力引导，我们取得了举世瞩目的城镇化成就。但是今天的城镇化率已经超过 50% 了，我们从 20% 左右增长到现在的 50% 多，以后怎么走？是不是还是政府引导？我们从最新的新型城镇化政策以及国务院一系列的关于城镇化的文件里面解读到，我们整个中国的城镇化需要改革，最关键的就是要充分发挥市场主导的作用。从市场运作的角度来看，我们是非常支持以市场为主导的城镇化的发展方式的。

那么，我们用什么样的商业模式去对接市场主导力量呢？关键是商业模式，因为政策已经转变了。从中信的实践来看，我们探索了一条自认为正确的道路，那就是城市运营的发展道路。我们和地方政府共同探讨开发大片城镇的时候，我们主张实行以市场为导向的商业模式，就是城市运营模式，即把城镇化过程中所含的东西打包交给市场来做，这样就能达到可持续发展的目的。这种商业模式的改变也非常符合世界城镇化发展的基本规律。

第三点，今天很多朋友到了北京，我就在想，我们能否成立一个新兴市场城市联盟呢？这两天产生了一些有关产业联盟的说法，是不是城市联盟也可以建立起来呢？明年我们将会有联盟的主题。大家可以交流，从巴西到南非到中国，不同国家的经验能够互通，能够交流。这就是我要分享的三点体会。

谢谢！

城市基础设施建设及其融资问题

世界银行前交通、水资源和城市发展部主任　安东尼·佩莱格里尼

非常感谢胡必亮教授！首先我要祝贺您坚持不懈的努力，让这个论坛非常成功。我想接着我的同事英格拉姆讲的城镇化问题，来探讨其中一个比较具体的问题——城市基础设施融资所面临的挑战。我想就这个问题具体地说一下我的看法。

我认为城市基础设施的融资是非常关键的问题。国家级的基础设施项目的融资实际上有不同的方式，例如主权担保，这在中国市场上非常可靠，而市政府的基础设施是由市政府来进行担保的，市政府的担保对于投资者来讲可能不像主权担保那么让人放心，所以这是一个完全不同的问题。城市基础设施融资是不一样的，城市的投资方向也是不一样的，这个风险大家一定要了解，而且一定要很好地管控这些风险，这样才能够保证城市基础设施融资成功。

为什么城市基础设施非常重要，大概有三个主要原因。

第一个主要原因，城市在促进国家经济发展中起到非常重要的作用，好的基础设施对于城市来讲是必不可少的。基础设施能够支持分销体系，能够支持物流体系，能够让这个城市更加高效地运作，并且减少障碍，所以城市的基础设施对于支持经济的发展是非常关键的。

第二个主要原因，城市基础设施对于居民来说非常重要，能够保证人们的健康生活。实际上城市基础设施对于穷人更加重要。因为富人总是可以找到一种方式能在城市最好的地方居住，而穷人可能就只能在一些缺乏基础设施的地方居住。因此，建设好的城市基础设施有利于缩小贫富差距，有利于为城市居民包括为穷人提供好的供水、交通等基础设施。

第三个主要原因，通过城市基础建设投资，可以改善城市环境。试想，如果我们不建设城市下水道系统，城市水污染就会成为一个很严重的问题。刚才我们提到，如果海平面上升就会对海边城市形成很大的威胁，而受到海平面上升影响最大的前10个国家，有5个在亚洲。城市基础设施建设可以提高城市的灵活性和强韧性，能够加强对地震等自然灾害的抵御能力，等等。

在各个国家和各个城市，甚至是在城市内部，基础设施的供给都是非常不均匀的。世行的数据显示，3亿城市居民总体处于缺水状态，9亿人没有获得基本的卫生保障。因此对于提供满足基本需求的基础设施，我们还有很长的路要走。

我们现在在北京，可能很难想象那些没有基础设施的地方的人们是怎么样生活的，因为北京的基础设施是非常棒的。在菲律宾的马尼拉，你可以看到在CBD的摩天大厦后面就是贫民窟。像这样的情况，不仅在菲律宾十分常见，在其他很多发展中国家也是很常见的现象。

印度在过去 15 年间，经济增长是很快的，但是在城市基础设施建设方面还有很长的路要走。

印度的海德拉巴（Hyderabad）是印度管理得最好的城市之一，它有 400 万人口，是印度的高科技城市，有世界一流的大学——印度理工学院（IIT），其毕业生在世界各地都非常抢手。它也有世界一流的地铁系统。但是，如果我们看一下这座城市的基础设施指标的话，我们发现 80% 的人口每天只有 2 个小时的供水，有的隔一天才有供水。城市中有 1 470 个贫民窟，有 140 万人生活在贫民窟里，这些人大部分至少在贫民窟生活了 10 年，有的家庭在贫民窟生活超过三代。

印度是金砖国家之一，印度的城市人口到 2050 年会增加到 4 亿，这意味着印度每 2 年就要增加一个新的孟买，孟买有 2 500 万人口。中国的人口到 2050 年会增加 38%，增加 2.5 亿人口，等于每 3 年就要建设一个新上海，上海也有 2 500 万人口。

英格拉姆先生刚才给大家展示了私营部门投资于基础设施的情况越来越多，这一点是至关重要的，因为私营融资是我们发展所急需的。但是如果我们看一下私营融资，按照行业的分布，金砖国家私人部门的资金大部分投资在道路和电信方面；也有些私营部门的资金进入到了国家的基础设施建设领域，包括投资于供水和卫生事业等。但这还远远不够。大部分的城市基础设施建设涉及废水处理、排污管道设施和人行道建设，这些通常都不产生及时的收益，所以这些领域没有任何的私人投资，因为私人投资是需要有收益和有所回报的。

那么，这些钱应该从哪里来呢？地方政府投资当然是一个重要的可能来源。对于地方政府来说，它一般会觉得这些投资是有风险的，这当然是有道理的。地方的金融系统一般比较薄弱，而且也没有办法控制收入来源，员工往往也不够，或者员工得不到应有的培训，也没有项目开发和项目评估的能力。

地方政府没有得到国家或者省一级政府的重视，所以大部分时间只能靠自己，因此地方政府处于不利地位。地方政府往往不知道金融机构需要什么样的条件进行投资。这些投资确实存在一些风险，但是世界各地也有一些例子，告诉人们如何成功地管理这些风险，并表明这些风险是可以被管理的。地方政府可以经营这些项目，而且亏损非常小。比如，印度的一个城市和南非的一个城市，私人部门专注于向这两个城市的市政府提供资金。巴西有一个市政基金，给很多州提供基础设施建设经费，而且没有什么损失。在南非，有一家商业银行给一个地方政府提供资金。墨西哥则通过金融改革，发展了地方政府借贷。还有一个例子是菲律宾的市政借贷基金，还有土地银行，都向政府提供贷款。这些都是我们关于基础设施融资研究的案例。这些案例表明，给地方政府贷款并不注定是一个赔本生意，相反，坏账率甚至比这些国家的商业银行的坏账率还要低。

关键是需要建立起正确的基本框架。最后我想给大家提供一些建议，既包括给国家方面的，也包括给地方方面的。

从国家方面来讲，我觉得应该提高地方政府的责任感和独立性，这是非常重要的。如果我们想要为地方领导提供激励措施，那就应该让他们去担当而且具有独立性。

从地方来讲，要合理地构建地方政府的融资架构。菲律宾地方政府可以直接设置地方政府借贷的最高额。在其规定中，有一个公式，可以通过这个公式看到现在的借债率，年度的还本利息大约是20%，但对于地方政府的借款是有一定限制的。

墨西哥的方法有所不同。它要求地方政府能够获得两个不同的信用评级机构的信用评级。不管是对银行还是对债券发行者来说，信用评级是保证借贷属于谨慎借贷的重要参考。

另一个方法是金融框架可以解决抵押问题。地方政府可以提供多样的抵押——有的时候是土地；有的时候是房屋；有的时候不能用来抵押，但由更高一级的政府向地方政府提供一定的资金。很多的地方是可以通过中央财政把一部分收入转移到地方政府，这也可以作为贷款的抵押，许多发达国家都是这么做的。

刚才我提到了金融中介，金融中介也是我们解决方案中非常重要的参与者。经验显示，如果金融中介对于地方政府有专门研究的话，它可以更好的条件在金融市场上进行借贷。这尤其适用于中小型地方政府，它如果进行纯商业借贷的话，利息是非常高的。

最后一点，也是非常重要的一点，那就是政府有各种各样的补贴，这些补贴有可能会挤出私人部门的资金。国家的补贴总体来说是一件好事，原则上来说也是有必要的。但是，在设计上需要确保它不会取代私人部门的借贷，应该利用这种补贴发挥杠杆作用，以利用更多的私营资本。比如有一些地方把公共补贴变成保证金，然后成为其发行债券的抵押，这样就可以把获得的补助放在一边不用，但其所获得的投资资金却是补贴的3倍。

地方政府需要做很多事情。首先是员工的专业化培训，尤其是金融人员，包括会计人员，还有资产管理人员、税务人员、注册人员，都必须专业化；其次，投资规划需要进一步完善；还要提高透明度，要向公民提供信息，帮助金融伙伴了解你们的城市；还有信用评级，信用打分不仅仅是金融机构所要求的，对城市的管理人员来说也可以形成改革的清单。如果信用评级机构说有什么方面做得不太好，这可能正是需要改革的地方。

　　谢谢！

利用发展援助建设城市基础设施

日本国际协力机构研究所副所长　北野尚宏

我想利用这个机会给大家介绍一些例子，说明中国应该怎样运用其发展援助，使之不仅可以填补资金上的空缺，同时也有利于促进新技术发展。

中国快速的城市化从 20 世纪 90 年代开始。日本在 1979 年用 350 亿日元援助中国的发展。青岛是日本在中国建立起来的第一个新型港口，我们进行了可行性研究，分两期来使用官方发展援助，目前已经完成。青岛政府运用 PPP 方式动员国内私人部门的资金，来推进第三、第四阶段的建设，这是一个非常好的发展模式。到 2014 年的时候，港口的出入吨数已经达到了 5 亿吨。

青岛市使用了这个官方的发展援助，为青岛经济开发区建设基础设施。2010 年，有很多的日本公司投资于青岛经济开发区，所以这是一个很好的范例。基础设施先行，然后促进了外商直接投资，促进了经济合作与发展。

　　另外的一个例子是：我们把一些废物，从城市地区运到农村地区做成化肥。

　　还有一个例子，自从北京的废水处理厂建立起来以后，发展援助就帮助把这个系统扩张到 59 个城市。

　　再有一个例子，是与可持续性发展相关的，就是在长江三角洲地区实行可持续性的城市发展的问题，这个项目受到了当地的欢迎，主要是加强了人们的安全性，而且提高了流动性，还引进了绿色发展、清洁发展的机制，也引入了妇女参与机制。

　　祝贺胡必亮教授在北京师范大学成立了"南南合作研究中心"。在此我也想与大家分享一下我们南南合作的一个例子。

　　在拉丁美洲，我们国内的机构和拉丁美洲合作进行防灾教育。墨西哥在 20 世纪 80 年代经历过地震，我们和他们进行经验分享，探讨如何能够建立一些具有好的防震效果的建筑，最终政府于 2014 年出台了一些防震建筑建设的标准。

　　我们认为，我们应该和其他国家分享我们的知识和经验，这是非常重要的。只有这样才能够实现可持续发展的目标，所以我们在全球范围内进行全面的合作。

　　谢谢大家！

土地财政与城镇化融资

北京大学林肯研究院城市发展与土地政策研究中心主任　刘志

　　我今天的演讲主题是中国的新型城镇化，应胡必亮教授的要求来讲这个问题。我非常高兴有机会参加今天这场讨论，原因非常特殊，因为我有两个前老板都坐在台上，两位都是世界银行的大专家——格里高利·英格拉姆先生和安东尼·佩莱格里尼先生。许多年前，他们把我招进世界银行，但我目前在北京大学的林肯中心工作，我们一直以来都有很好的合作。我想继续追随他们的脚步，因此我也谈谈城镇化及其融资问题。

　　我们知道，中国的城镇化是不完整的城镇化，主要是户籍的原因。如果户籍问题不能得到解决，农民工不能把他们的家人带到城镇，就会形成我们新型城镇化的主要障碍。

　　城镇化在中国过去的 30 多年里，取得了非凡成就，我们修建了很多的基础设施来支持城镇化发展。我们的土地政策和相关法律规定：农村的土地是集体所有，城市的土地是国有的。我们国家在全国范围内把土地转化成城市建设用地，土地转让不是按照市场价格，而是以建设成本来出售。很多非洲国家现在也在学习中国的这种方式，但这个方式也带来了很多问题，包括一些社会问题。

近10年来，土地出让金的收入占到了地方政府收入的一半，土地出让金对于地方政府来讲，已经成为主要的收入来源。

我们进行了很多的相关研究，知道土地财政带来了很多问题。现在房价非常高，大家都买不起房了，而且有的地方政府还有很多债务，对土地的使用也有很多浪费，也带来了很多社会冲突——农民和政府之间的冲突。这些都是土地财政所带来的恶果。政府已经充分认识到了这样的一些问题，这就是为什么我们有了新一轮的改革，包括与城市发展相关的改革，如户籍制度的改革。中国也将把农村的土地和城市的土地实行一体化，让农民有自己的发展潜力。在城市市政建设方面，中国考虑引入房产税，以改变以前的发展模式，即依赖土地财政的发展模式。

我们来比较一下，过去的城市化和新型城市化有什么样的区别。首先，传统的户口在新型城市化中是要逐渐消失的。如果能让人们来到城市，人们就应该能够享受到城市的服务，这也就意味着当地政府需要支出更多。

其次，在土地方面，我们需要避免对土地的过度开发，这就是说政府不能太多地依赖土地财政，这对于政府的收入是会有影响的。

从融资方面来看，刚才已经解释了地方政府的融资是怎样支持城镇化的。现在的预算法对地方政府的债券有一些新的限制，所以现在的问题是支持新型城镇化的钱从哪里来。这个我就不具体说了，因为刚才格里高利·英格拉姆已经列了一个单子，到底发展中国家应该怎么样去做，地方政府应该做些什么。我想中国政府已经考虑到了这些问题，并且采取了行动，找到了一些新的融资方式来实现城镇化。

从城镇化融资的角度，我想总结一下之前发言人讲到的两点：一是房产税非常重要，如果没有好的税收来支持城镇化，就不可能有公共投资来促进城镇的可持续发展；二是由于现在的地方政府已经找不到贷款来源了，我们就只有一个渠道，那就是通过省政府发行债券，但是这个在未来是不够的，很难给新型城镇化提供足够的资金，因此我们需要做很多的工作。我们要加强地方的债务管理体系，这样政府未来可以利用资本市场来获得融资。

最后还有一点，我认为是非常重要的一点，那就是对于市政府来讲，需要对其融资进行有效管理。如今中国的城市，很少知道怎么样管理好它们的债务，管理好基础设施，管理好资产。现在的规划和预算之间还存在着差距，因此我们需要加强地方政府的能力建设，这样的话，地方政府才能够像一个家庭或者是一个公司一样，很好地管理自己的财务。

在接下来的几年中，为了让中国能够真正地摆脱目前的困境，我们需要认真研究房产税问题，需要认真研究地方债务的管理机制问题，需要加强地方政府的能力建设。

谢谢大家！

闭幕式

新兴市场：概念拓展·深化
改革·前景展望

北京师范大学新兴市场研究院院长　胡必亮

非常感谢大家！这个论坛就要结束了，我简单地与大家分享一下我的三点感受。

第一，我们这个会议很重要的一点就是拓展、扩大了新兴市场的含义。我在资本市场上做过几年，那是 20 世纪 90 年代中后期的几年，我们那时也关注新兴市场问题，也撰写一些关于新兴市场的研究报告，基本上就是一个纯投资的概念。我们当时主要关心的就是对新兴市场投资的回报率，一般要比其他地区高，是一种新的投资机会，基本上就是一个投资的概念。

但我们这次会议关于新兴市场的看法，有了一个很重大的进展，那就是大家把新兴市场的界定延伸到了纯投资以外的地方，延伸到了发展的层次。我们很多的专家学者和国家的前政要，在这次论坛上把这个概念拓展了，这应该是对过去相关理论的发展，同时也对相关理论研究提出了新的挑战，我们要做出新的解释——拓展到了什么地方，为什么要提出这样的拓展，这样的拓展的意义在哪里，等等。新兴市场，从一个单纯的投资概念，扩展到了一个发展的概念，是具有重大意义的突破！

在这次论坛上，与会嘉宾讨论了很多关于经济发展的问题，也讨论了很多关于社会发展的问题，还讨论了很多关于民主政治发展的问题。如果没有这些发展，新兴市场即使有短期的投资机会，也是不可持续的，所以我个人认为，我们这次论坛把新兴市场从投资的概念扩展到发展的概念，既是巨大的理论贡献，也是巨大的实践贡献。如果没有发展，单纯地讲投资是不可持续的，不可长久的。

几位前政要在这方面的发言非常精彩，特别是托莱多总统，他特别强调了社会发展问题，还有未来发展问题。孟加拉国前总理艾哈迈德，肯尼亚前总理奥廷加，吉尔吉斯斯坦前总理奥托尔巴耶夫，北师大校务委员会刘川生主任，中国人民对外友好协会李小林会长，中国社会科学院蔡昉副院长，北师大李晓西教授、李实教授，复旦大学张维为教授，国际货币基金组织前总裁康德苏先生，拉丁美洲开发银行行长加西亚先生、亚洲开发银行前常务副行长纳格先生，世界银行前副行长胜茂夫先生等，还有很多很多的人，在这次论坛上，都是从发展的角度来看新兴市场问题的。因此我认为这是这次论坛的最大特点，也是最大亮点，应该具有重大的标志性意义。我们今后要更多地从发展的角度，来分析和研究新兴市场问题。这是我要讲的第一点。

第二，关于如何促进新兴市场发展的问题。这次论坛，我觉得大家提出了两个非常重要的意见：

　　一是要加强发展中国家之间的合作，这就是南南合作的问题。我们过去相当长的时间，都十分强调南北合作，因为发达国家有很多的技术可以转移到发展中国家，相应地还有知识转移、产业转移等，中国之所以快速发展，原因之一就是发达国家的产业向中国大规模的转移。这一点当然十分重要，毋庸置疑。因此，在过去相当长一段时期，我们忽视了南南合作。多位前政要在昨天与我国国家领导人座谈时，都提到了南南合作的重要性，因此我们快速呼应几位与会的前政要的提议，积极响应习总书记在联合国发展峰会上关于加强南南合作的倡议，就在这次论坛期间也就是在昨天晚上，我们北京师范大学正式揭牌成立了"南南合作研究中心"，以此为平台，加强发展中国家之间的合作。

　　二是深化改革。这次论坛讨论了很多方面的改革，既包括了国内的改革，也包括了国际层面的改革。从国内改革来看，重点是要消除体制和制度的制约，譬如说刚才我们讲了城镇化，就有制度方面的制约问题，如户籍制度的制约。由于发展中国家的体制和制度不完善，就必须要改革，但是要避免误区，改革不一定就是完全跟随发达国家来做，也需要有自己的创新。

　　国际层面的改革也很重要，比如说康德苏先生提出了关于当前国际货币体系的改革问题，如果目前的这一体系不进行改革，再加上别的国际体制与制度，如果这些方面不利于新兴市场和发展中国家的发展，那再怎么努力也是没有用的，所以我们也要改革现行不合理的国际治理秩序，把世界上的不发达国家、中等发达国家、发达国家都放在一个比较合适的、合理的，有比较公平的规则和制度的国际秩序框架里面，这才有可能实现比较公平的发展，新兴市场和发展中国家才有美好的发展未来。因此，为了促进新兴市场和发展中国家的发展，国内和国际层面都应该实行改革。这是我想总结的第二点。

第三，关于新兴市场的未来发展前景问题。短期来看，新兴市场国家的前景不太乐观，大家都承认目前的困难与问题，但经过我们的研究和分析，从中期来看，我们对新兴市场发展前景持谨慎乐观态度。如果看新兴市场的长期发展趋势的话，我们就持更加乐观的态度了，因为从历史发展的趋势和潮流来看，新兴市场的崛起是不可阻挡的历史发展的一个基本方向。新兴市场和发展中国家有资源的比较优势和资源红利，有人口的比较优势和人口红利，也有条件获得体制和制度改革的红利，这些方面是有一定优势的。还有一个后发优势，尽管学术界对此还有争议，但我认为这样的事实是存在的，后来者确实有可能随着各种先进技术的发展以及互联网、物联网的发展，实现跨越式发展甚至赶超，至少在某些方面、某些领域是可以的，中国已经用事实证明了这一点。就以我们刚才讨论的城镇化为例，中国的城镇化之所以发展得这么快，与中国跨越式地采用世界上最先进的高铁技术、高速公路建设技术等是密切相关的。中国电子商务的快速发展也是一个很好的例证。因此，长远来看，我们通过这次论坛所形成的共识是非常乐观的，我认为也是比较客观的。

这就是我，作为这次论坛的直接组织者、参与者之一的三点感受和体会。这样的感受和体会，对于我个人来说，当然十分重要。更重要的是，我希望这样的感受对中国、对其他新兴市场和发展中国家也十分重要，而且是更加重要。

谢谢大家！

致闭幕辞

美国新兴市场论坛执行主席　哈瑞尔达·考利

非常感谢胡必亮教授刚才的总结发言，这是非常深刻的思想！您作为北师大新兴市场研究院的院长，在过去的4年中，一直都在为筹办这个论坛而不懈努力，大家都有目共睹，深有感触，十分感谢！

现在我们到了闭幕式环节，时间过得太快了。从某方面来讲，这次会议是非常了不起的，对我来讲，可以说是非常激动人心的，我们进行了非常丰富的讨论，有了非常丰厚的收获。

作为联合主办者之一，我要感谢所有的人，尤其是要感谢一些特殊的人。首先是我们尊敬的论坛嘉宾，他们从世界各地不远万里地来到北京参加这次论坛。托莱多总统，他来自于秘鲁利马，如果按照飞行时间来算，他要飞18—20小时才能到达这里，因此非常感谢托莱多总统！他目前正在准备秘鲁的下次总统大选，如果他真的再次当选为总统的话，没有议会批准，他是没有办法来参加我们的论坛的，因为没有议会的批准，总统是不能随便出行的。即使这样，我还是非常希望他能够再次当选总统，也非常感谢他这次来北京参加我们这次论坛。

艾哈迈德总理从华盛顿飞了 14 个小时到这里；奥廷加总理飞的时间更长，可能跟托莱多总统来这里的时间差不多，也非常感谢他；加西亚行长，他是我的老板，是我们全球新兴市场论坛的联席主席，希望他对这次北京新兴市场论坛感到满意；我们另外一位联席主席康德苏，今天因事提前离会了，我送他上车时，他告诉我很高兴能够来北京参加这次论坛；还有胜茂夫校长，他在 5 年前创建了一所亚洲一流的大学，非常感谢他来到这里；还有渡边博史，昨天下午因事必须提前离开，因为他在欧洲的 3 个国家还有预约，我们非常感激他。

当然，我非常感激所有的发言人，包括我的好朋友胡必亮教授，他为我们做了很好的会议安排，我们也看到了他准备的背景文件和相关材料，还出版了几本书。我也要感谢为会议而忙碌的所有的员工，他们非常努力地筹备了这个论坛；还有所有的志愿者；还要感谢中国人民对外友好协会和北京师范大学；我们也必须感谢所有的前天晚宴的表演者，我真不敢相信他们是学生，只是北师大的学生，他们的表演水平实在是太高了。总之，我要感谢所有的组织者和参与者，因为有了你们，才成就了这么好的一次论坛。

最后，还有一个非常传统的要求，就是在这样成功的一个论坛之后我们有一个宣言，尤其是第一次会议之后，我们必须要有一个宣言。"千里之行，始于足下。"第一步是最难的，但我们已经成功地走出了第一步。下面请胡必亮教授宣读这次的《新兴市场北京宣言》（见附录）。

论坛专访

新兴市场：概念、特征、作用、前景

——央广网专访胡必亮、哈瑞尔达·考利

采 访 人：央广网英语节目主持人杜阳

嘉　　宾：北京师范大学新兴市场研究院院长胡必亮

　　　　　美国新兴市场论坛执行主席哈瑞尔达·考利

采访时间：2015 年 10 月 17 日上午

采访地点：央广网演播厅

　　主持人："2015 北京新兴市场论坛"明天就要召开了，今天我们邀请了两位论坛组织者到我们演播室来，就是想谈谈与明天论坛相关的问题，欢迎两位！

　　第一个问题，我想问胡院长：我们知道论坛关注的焦点是新兴市场，但我们很多人都不知道什么是新兴市场，您能否解释一下。另外，从全球角度来看，新兴市场的影响力怎么样？

　　胡必亮：新兴市场是一个比较特殊的群体，当然通常来讲，

它仍然属于发展中国家的范畴，但这个群体的发展中国家，与其他发展中国家相比，经济发展速度更快，投资者的投资回报率更高，因此人们将这样的一些国家称为新兴市场。总之，这类发展中国家，要比一般的发展中国家发展得更快，发展得更好。从财富创造来看，这类国家或经济体大致创造了占世界总量 1/3 的 GDP，其人口占世界的比重接近 2/3。

主持人：胡院长，中国开始推进"一带一路"建设，而且中国也是金砖五国成员之一，您认为新兴市场在推进"一带一路"建设和促进金砖国家发展方面将扮演什么角色？

胡必亮：这个问题很好！"一带一路"是个很宏大的建设倡议，涵盖了一大片范围的国家，其中大多数是发展中国家。简单地讲，"一带一路"沿线国家中包括了部分新兴市场国家，从数量上看并不多，只有十多个，但都是经济实力比较强的国家，所创造的财富占到"一带一路"沿线国家的绝大部分。另外，你刚刚提到了另一个概念，即金砖五国的概念。这五个国家中，中国、印度、俄罗斯都是"一带一路"沿线最重要的国家，这五个国家的 GDP 应该能够占到全球的 1/5 左右，对于全球经济增量的贡献就更大了，应该在 40% 左右。对于"一带一路"沿线国家而言，这五个国家的重要性就更大了。这说明了什么呢？说明推进"一带一路"建设，必须重点加强新兴市场国家之间更加紧密的合作，金砖五国的合作又尤其重要。

主持人：那么，您认为新兴市场与一般的发展中国家究竟有什么不同呢？

胡必亮：我刚才实际上已经提到过了，最重要的不同表现在三个方面：一是经济增长率要高一些；二是投资者的投资回报也会更高一些；三是经济结构的转型要快一些。总之，其经济发展表现要比一般发展中国家要好一些。当然，原因是多方面的，包括政府治理、教育、创新、工业化、信息化等方面都是有差距的，通常在这些方面，新兴市场国家都要比一般的发展中国家做得要好一些。

主持人：下一个问题我想问考利先生，我知道您在这个领域已经做了大量研究，也出版了许多著作，您能向我们描述一下当前新兴市场经济发展的总体形势吗？

考利：在工业革命之前，亚洲在全球 GDP 中的占比约为60%；工业革命后，欧洲成为第一，美国其次。这导致亚洲在当时的新兴市场中失去了领先地位。1954 年，亚洲所占比重只有15%，是最低的时候，从 60% 降至 15%。但也正是从 20 世纪 50年代开始，首先是日本，其次是新加坡和香港，再次是中国大陆和印度，亚洲国家或经济体先后开始崛起。泰国在一段时期的情况也是不错的。现在，亚洲占世界 GDP 的比重大致为 25%，与过去那段低潮时期相比，这 60 年确实发生了翻天覆地的变化。全球新兴市场的崛起势头也与亚洲基本相似，总体上的经济增长速度是发达国家的 2.5 倍，因此其占全球 GDP 的比重也有所增加。目前的问题是，许多新兴市场的经济增长速度已经开始下滑了，从巴西、南非开始，这两个金砖国家去年的增长速度开始不尽如人意了。俄罗斯的情况也是如此。

同时我们也看到，另外两大金砖国家的经济体量更大，经济增长比较平稳。中国在过去的 30 年里经济快速增长，目前出现了调整的情况，从原来的高达 11% 逐渐调整到了 7.6%，但仍然是世界上增速最快的，这符合经济增长规律；印度从 9% 调整到了 5%，后又重返 7.5%，因此这两大新兴市场国家的增速都稳定在了 7% 上下，在 6%—8% 之间。当然，其他的三个金砖国家的经济发展形势不容乐观，很多其他的新兴市场国家如土耳其、印度尼西亚、埃及等，其经济增长也比以前有所放缓，如果把这些国家加起来算平均增速，可能也难以达到 2.5%，因此我们要对新兴市场目前的发展形势有一个清醒的认识。经过深入观察与研究，我们的基本结论是：新兴市场国家将继续追赶发达国家，新兴市场国家的人均收入水平也将持续地追赶发达国家水平。经过一段时间的持续追赶后，新兴市场在全球 GDP 的占比很有可能再次达到 60% 的水平，也就是回到 300 年前工业革命开始初期的水平。这样的预测也许存在一些错误，但并非毫无根据，而是很有可能。

主持人：考利先生，根据您的判断，一般而言，人们对新兴市场的发展前景看好吗？

考利：并非所有人都看好。世界上的国家多达 180 多个，只有 29 个所谓的发达国家，150 多个国家是发展中国家。胡教授将这些发展中国家分为新兴快速发展中国家、新兴成长中国家等。如果说有约 100 个新兴市场国家的话，它们在国家规模上不同，一种像中国、印度这样的国家；另一种像南非以及拉美的一些国家。总体来说它们的规模不同、实力不同、基础设施不同、科技水平不同，所以这些国家要追赶发达国家，这些国家之间也在追赶。一般来讲，这些国家比发达国家更热衷于改善生活，中产阶级的比重也在增加，中产阶级在各方面都在成为重要的驱动者。

主持人：胡院长，您刚才提到，新兴市场国家的经济增长速度比一般国家要高、投资回报也更高，请问为什么呢？有什么特别的原因吗？

胡必亮：我同意考利先生刚才说的观点，新兴市场的未来发展很值得我们乐观地期待。从过去的发展经验来看，新兴市场国家通常都表现出了六大优势：一是在自然资源方面有优势，比发达国家的自然资源更为丰富，比如南非的黄金储量世界领先，美国、日本，以及欧洲还有中国的黄金储量加起来才相当于南非的储量，自然优势是这类国家的天然支撑；二是这类国家是新崛起的力量，比发达国家更有活力，发达国家曾经是新兴力量，但现在活力不强了；三是这些国家的体制机制尚有比较大的改进空间，如金融制度、贸易体制等都还处于不发达状态；四是这些国家的人口比较多，而且相对年轻，劳动力资源丰富，可以获得更多的人口红利；五是由于这些国家发展相对比较晚，可以吸收发达国家的长处，可以利用发达国家先进的技术而无须支付过多费用，因为互联网时代的到来；最后一个原因，在于快速的经济全球化过程，使得新兴市场国家加速地融入世界并从全球化中获利，譬如说中国，加入 WTO 对于促进中国的经济发展具有十分重要的意义。如果我们把金砖国家作为新兴市场国家的代表，我们发现金砖国家过去 20 年的平均增长速度是 5.1%，而发达国家只有 2.45%；同时我们也发现，过去 10 年，金砖国家的经济增长率为 5.9%，而一般的发展中国家只有 3.7%。因此，无论是与

一般国家相比，还是与发达国家相比，新兴市场国家一般来讲
都有更快的经济增长速度，因此新兴市场国家经济发展更具潜
力，前景可期。

主持人：考利先生，作为一个外国人，您是如何看待中国在
新兴市场群体中所起的作用的呢?

考利：中国现在是世界第二大经济体，不管是最大的经济体
还是第二大经济体，中国始终是最大的经济体之一，所以在不久
的将来，在 15 年左右的时间里，中国可能会成为世界最大的经
济体。因此，中国在新兴市场国家中起到了领头羊的作用，其他
新兴市场和发展中国家应该以中国为榜样，向中国学习，比如说
学习中国是如何养活其十多亿人口的，还有中国是如何消除贫困
的，这是第一点。

第二，在过去 40 年里，中国取得了巨大的进步，无论是在
社会层面还是物质层面，社会制度和体制建设逐步完善，加上经
济发展速度最快，中国的经验应该被历史所铭记，尤其是中国推
行改革开放的经验，可以作为其他新兴市场和发展中国家的有益
借鉴和参考。世界上各个国家在社会结构上都有这样或那样的问
题，人们可以从经济发展水平看出问题的存在，所以中国是如何
稳定社会的、是如何调整结构的、是如何保障供给的、是如何实
施计划的、是如何提供援助的，等等，都可以对其他国家解决类
似问题提供很大的帮助。

第三，中国拥有大量的经济资源和人力资源，同时中国也发
起建立了两大国际金融机构即亚投行和金砖国家发展银行，这些
资源都可以在很大程度上为其他国家提供帮助。

第四，"一带一路"建设将沿线发展中国家和发达国家联系起来，把亚洲、非洲、欧洲联系起来，这是非常有意义的。我认为未来发达国家和发展中国家、新兴市场国家和先进国家之间，冲突与差异会继续加大，因此习近平提出的"一带一路"倡议，在不同国家建立更多的联系是十分重要的，这也是中国作为世界最大的经济体之一所应当发挥的独特作用。另外，在未来发展中，尤其在未来的全球经济一体化过程中，在全球治理改革中，中国将发挥更大和更加重要的作用，比如在应对气候变化等国际问题方面，中国很有可能在 2030 年会成为标准的制定者了。

主持人：胡院长，我们知道您用了几年的时间来准备这次论坛，为什么您认为这个论坛这么重要呢？

胡必亮：在我看来，这次论坛之所以非常重要，是因为这是一个专注于新兴市场发展的论坛第一次在中国举办，而中国是世界上最大的新兴市场国家，也是全球最大的发展中国家，如果我们能够很好地利用这个平台，一方面有利于交流治国理政的经验教训，把中国过去 30 多年来改革开放比较成功的经验提供给其他新兴市场和发展中国家，供其借鉴参考，促进这些国家更好更快地发展；另一方面也有利于利用这个平台积极支持"一带一路"倡议并助力其得以更好地实施，更加有效地支持中国企业"走出去"，更好地促进中国与其他新兴市场和发展中国家之间的合作。总之，我个人认为，作为世界上最大的新兴市场和发展中大国，中国有责任和义务将其他新兴市场和发展中国家团结起来，密切合作，为促进这些国家更好更快地发展做些贡献。大学的好处是可以超脱很多政治、意识形态等方面的影响，也比较便于与其他国家的智库机构、学术机构甚至政府部门进行沟通和联系，先做起来相对比较容易一些，因此我和我的朋友们一直都这么认为，也一直都在努力之中。这应该说是我这些年努力奋斗所希望达到的第一个目标吧。

另外呢，从学术背景来看，我是做发展经济学研究的，过去做的研究主要以中国为主，尽管在 20 世纪 80 年代末和 90 年代初也做过关于菲律宾、泰国的经济发展研究，也去这些国家待过一段时间，但从比较的角度进行发展研究还是做得不够，因此希望通过这个平台更好地进行不同发展中国家的比较研究，提升我们的研究能力与水平。这应该是我奋斗的第二个目标。作为一名学者，实现这个目标其实也是很重要的。

因为新兴市场国家中的相当多的国家也同时属于"一带一路"国家，因此我们研究院目前一个十分重要的研究方向就是"一带一路"问题，这样我们也希望通过这样一个平台，为促进"一带一路"倡议的有效实施、促进"一带一路"相关国家之间的有效合作发挥一定的积极作用。

主持人：考利先生，论坛马上就要举办了，您可以告诉我们您最期待的是什么、最渴望的是什么吗？

考利：首先，作为今年论坛的联合举办方，对于我们而言，这是第十年举办新兴市场论坛了。十年前，我们用了两个月时间，在牛津大学首次举办了新兴市场论坛，那是在 2005 年 12 月召开的，现在我们的会议安排在了 10 月。我认为，今年的新兴市场论坛的举办地点非常合时宜，因为是在中国举办，因为中国是全球规模最大、也是最成功的新兴市场国家。虽然我们一直都在期待，但我认为第十年在中国举办是及时的，是一个很好的结果。这次论坛，我们有幸与中国人民对外友好协会和北京师范大学共同举办，大家共同努力取得了一个好的结果，感到非常荣幸。这次论坛参与人数众多，不仅有中国的朋友，还有来自海外的嘉宾，也有一些国家的重要领导人参加，这意味着大家都愿意在新兴市场和发展中国家间建立更加亲近的关系。

我的期望是，首先应该有一个比较高的参与率，有比较多的人参与其间；其次是参与者之间能够亲密谈话，有良好的信息交流，力争形成一些有价值的共识；最后的一个期望最重要，我希望未来在中国能举办更多和更好的国际性的论坛，现在世界上将近 2/3 的国际论坛都在华盛顿举办，以后应该有更多的论坛在中国、在中国的北京举办，在其他新兴市场和发展中国家举办，譬如说在印度、印度尼西亚等国举办，尤其是关于新兴市场的论坛，理所当然地应该更多地在中国或其他亚洲国家举办，因为亚洲占了新兴市场经济的一半，而中国又是其中最重要的经济大国。如果能实现这一点的话，我将非常满意，十年前我们在论坛举办初期所寄托的期望，也将成为美好的现实。

国家和民主都应该着眼于给人民带来实际利益

——中央电视台英文频道《对话》节目专访秘鲁前总统亚历杭德罗·托莱多

采 访 人：中央电视台英文频道《对话》节目主持人杨锐

嘉　　宾：秘鲁前总统亚历杭德罗·托莱多

采访时间：2015 年 10 月 19 日晚

采访地点：人民大会堂

主持人：欢迎来到《对话》节目，我是杨锐。在拉丁美洲，秘鲁是拥有中国移民最多的国家，而中国与秘鲁的关系也源远流长。近日，国家主席习近平提出，未来十年内要在拉丁美洲投资 2 500 亿美元。今年 5 月，在李克强总理访问秘鲁期间，两国达成一致看法，共同研究建设从秘鲁的太平洋海岸到巴西的大西洋海岸的跨洋铁路，即 "两洋铁路" 的可行性。今天来到我们《对话》节目现场的是秘鲁前总统亚历杭德罗·托莱多先生。我们将共同探讨中国与秘鲁的关系以及其他影响这两个地区发展的重要话题。首先，我们来看一段背景介绍。

画外音：新兴市场曾被视为未来的希望，然而在过去的几年中，这一愿景江河日下。据国际货币基金组织预测，新兴市场相对于发达国家的优势已跌落至自 2001 年以来的最低点。国际货币基金组织也对今年年初以来新兴市场国家的资本流出提出警告。

乔斯·维纳尔斯（国际货币基金组织金融顾问）：考虑到近年来新兴市场中再杠杆化的进程，当前企业和银行的资产负债表十分紧张。我们估计，在新兴市场中存在 3 万亿美元的过度借贷。私人部门杠杆率提升，并受全球金融状况广泛影响，许多新兴市场企业对于经济低迷更加敏感，新兴经济体也进一步处于资本外流和资产质量恶化的影响之中。

画外音：新兴经济体发展的压力主要来自于中国经济增速放缓。美联储也在计划加息。据预测，巴西和俄罗斯的经济将趋于稳定，而中国和印度作为大宗商品的消费者，将从低价的市场中受益。新兴市场与发达国家相比仍然更具潜力。中国在新兴市场重焕活力的过程中扮演着积极角色。10 月 20 日，为期两天的北京新兴市场论坛顺利闭幕。会议关注的焦点是如何调整中国与其他的新兴经济体之间的贸易和投资关系。专家指出，亚洲基础设施投资银行可以为新兴市场的基础设施建设带来新的机遇。并且，人民币的国际化也会加强国际贸易的流动性。新兴市场应当把握这些有利形势，增进合作共赢。

主持人：欢迎您来到《对话》节目！

托莱多：感谢您的邀请！

主持人：您的美式英语说得非常好，这也让我有充分的理由对您的政治背景提一个问题。您是秘鲁人，您可能被看作一个秘鲁裔美国人，这对您的选举来说无异于政治自杀。是这样的吗？

托莱多：这是全世界，包括中国和美国在内，对我的一个误解。我的母语是安第斯语。我出生在海拔 5 000 米以上的地方。我来自印加帝国，我就是秘鲁的前总统。我的语言不应该被理解为带有某种政治意识形态的倾向。

主持人：为何秘鲁的中国移民数量是最多的？这个移民团体对您的对华政策是否有影响？如果有的话，有多大的影响？

托莱多：那我们先来看一个数据吧。中国移民现在占秘鲁总人口的 8%，这对秘鲁的文化有着巨大的影响。秘鲁有很多中餐馆，我们叫"Chifa"，这些餐馆融合了秘鲁和中国的饮食。19 世纪 80 年代来到秘鲁的中国移民被秘鲁社会很好地接纳了。他们与当地融合得非常好。我任期内秘鲁的驻华大使是我的一个好朋友，他曾与我在世界银行共事，他的名字叫"陈"[1]，他是华裔。他的父亲移民到了秘鲁，然后在秘鲁再婚。我任命他为驻华大使时，他也在中国找到了自己的祖籍。

主持人：总统先生，您所说的让我有些惊讶。因为在一些西方国家，比如说在美国，中国人总是由于缺乏严肃的政治参与兴

---

[1] 指"陈路"。陈路，祖籍广东省中山市，1937 年生于秘鲁首都利马，为第二代华人。曾任秘鲁驻华大使。——编者注

趣而使其政治声誉欠佳。正如英国前首相玛格丽特·撒切尔在世时在香港停留时曾说："中国人似乎生来就能凭直觉做生意。"换句话说，就是说中国人特别有做生意的天分。在秘鲁是这样的吗？您是否看到了这样的现象？然而，一些中国人在东南亚因为与政客之间保持密切关系而经常遭到诟病。

托莱多：我不打算讨论东南亚的情况，我还是讲讲秘鲁和其他拉丁美洲地区的情况吧。中国人融合得非常好。他们是企业家，他们从角落里的商铺或中餐馆起家，然后变得很成功。中国人并不是拉丁美洲政治中的支配力量。我并不认为在拉丁美洲尤其是秘鲁的中国移民与传闻中的东南亚中国移民，在政治问题或声誉上是类似的。秘鲁的中国人非常勤劳，都是企业家。他们中的一些人做得非常好。你说得很对，我没有看到他们中的任何人热衷于政治。

主持人：确实有越来越多的中国投资和境外资本流向了拉丁美洲，秘鲁也是中国在拉美的重要市场之一。然而在非洲，一些中国人被指责只顾汲取自然资源，而并不重视当地的环境。您认为在秘鲁，中国投资者的形象是否也面临着这样的负面评价？

托莱多：我在六个月前刚刚写完一本书，由斯坦福大学出版社出版了。感谢上帝，这本书在美国和其他英语国家成为一本畅销书。这本书的主题是展望2050年的拉丁美洲，以及全球届时面临的挑战。这本书也谈及了中国与拉丁美洲的关系。中国已经超越了美国，成为拉丁美洲当前最主要的贸易伙伴和投资伙伴。比如在秘鲁，中国就有三项主要的矿业投资：Las Bambas铜矿、Toromocho铜矿和首钢秘铁。中国企业刚刚又收购了一家巴西石油公司的秘鲁气田。确实，不止是中国人，大部分投资者如果要进行投资，都有权要求国家保证政治、经济、社会和法律的稳定。然而，我们也要求这些投资者承担社会责任与环境责任。因为这个世界属于我们所有人。而且，我认为随着经营业务与技术的发展，企业也有能力承担这些责任。

主持人：随着中国对拉美投资的日益增长，不少国家都在说，尤其是有的联合国安理会常任理事国也在说，中国已经成为世界第二大经济体了，中国应当承担相应的国际责任。但是，比如说在非洲，中国很不愿意介入并干涉当地的国内事务。您如何看待中国对拉美的外交政策？随着中国投资的增长，你又如何看待美国关于中国"道德学说的侵蚀"？

托莱多：世界正处在一个非常关键的时刻，势态在不断变化。我们现在身处一个多极化的世界，这不再是共产主义和资本主义的问题了。那些范畴，在我看来，已经不存在了。国家在经济增长方面取得了实际的成果，变得更具竞争力，更好地分配经济增长的成果以消除贫困、不平等和社会排斥，这对我来说，才是有价值的。什么社会主义、资本主义，美国和俄罗斯……这些已经结束了！一个国家是否能取得实际的成果才更加重要。

主持人：总统先生，至少有一点我与您持相反意见（托莱多：请讲）。尽管美国总统奥巴马为了结束与古巴的敌对状态，实现了美国与古巴的邦交正常化，但华盛顿的立法者们依旧拒绝解除对古巴的经济制裁。请问您对美国与古巴关系的这一进程持什么看法？您认为美国与古巴邦交正常化，对拉丁美洲地区总体上有什么影响？

托莱多：我认为，美国在 50 年前就该解除对古巴的禁令。这个世界，包括中国、美国在内，已经发生了很大的改变。柏林墙已经倒了，过去的许多范畴已经是陈词滥调了。世界正处于决定性变革的时刻。中国与拉丁美洲，其中与秘鲁的贸易水平已经超越了美国。当然，其中很大部分还是商品和原材料的进出口，这些贸易是非常容易受影响的。我们需要使经济多元化。我们之间的关系，包括依靠考利先生和加西亚先生的智慧所创立的新兴市场论坛，是非常密切的。我们时刻都关注着拉丁美洲、新兴市场与中国之间的关系及其变化。我们需要使贸易和经济增长的成分多元化。国家拥有太多像黄金、白银、铜矿、鱼粉、石油这样的自然资源，短期来讲，这可能是一件好事，但长远来看，也可能是一件坏事，因为一个国家可以进行的最好投资，应该是给人民以营养、医疗保健、教育平等，消除贫困与和社会排斥，以及对思想的投资。

主持人：托莱多总统，您的观点似乎与我们曾经的领袖邓小平是一致的，包括解放思想和思想的现代化。我们再来看一下关于乌戈·查韦斯的一些遗留问题，因为您曾遭受了来自他的激烈批评。他为何要批评您？您对他遗留给继任者马杜罗的意识形态又如何看待？

托莱多：第一点，并不是他批评我，是我批评他。我依旧无法理解他所宣称的"21 世纪社会主义"是什么意思。第二点，我与中国国家主席和国务院总理的观点是一致的。在大约一个半月前，李克强总理访问拉丁美洲的时候，我见过他。他当时提出，为了加强中国与拉美的经济联系，我们有必要修建一条从巴西到

秘鲁的铁路。我认为这是一个伟大的提议。我们一致认为，经济
增长的目的是使人民的生活质量得到提升。经济增长只是途径，
不是目标。就像拉丁美洲开发银行行长恩里克·加西亚在拉丁美
洲地区所实施的那样，就像新兴市场论坛所讨论的那样，我们必
须对经济管理负责。但是，作为一个出身于极度贫穷家庭而最终
走上总统位置的人，作为享誉世界的斯坦福大学和哈佛大学的一
个教授，或许这种观点只是我的一种偏见，但我也不请求任何人
的原谅。我会坚持认为，经济增长的目的在于消除贫困、不平等、
社会排斥和歧视。

主持人：在委内瑞拉发生的又是什么呢？

托莱多：乌戈·查韦斯先生，也包括现任的马杜罗先生，在
利用这个国家所拥有的自然资源——大量的石油，来授贫穷的民
众以鱼，而不是授之以渔。我来自一个贫穷的家庭，如果有人授
我以鱼，我会觉得这是一种侮辱，因为今天的饱饭也就是明天的
饥饿。我需要获得良好的营养、医疗保障、安全饮用水、卫生的
环境以及接受高质量的教育的权利，只有这样，我才可能成为自
由的人。人们只有在接受一定质量的教育之后才能变得自由。我
拥有接受您的采访的自由，是因为这是我的决定。明天我要前往
印度接受一项人道主义的颁奖，这是我的自由。我可以动身前往
印度是因为我是自由的。我所说的是，经济增长是发展不可或缺
的部分，但经济增长本身只是途径而非目的。在委内瑞拉，由于
石油价格曾经上升到了每桶 100 美元以上的超高价格，他们赚了
很多钱。现在石油价格跌到了原价格的 40%，因此委内瑞拉目前
的经济每况愈下。另外，我要跟你讲的是，民主是不分国界的，

正如新闻自由和人权不因肤色而异一样。不论我们的种族之间有什么差别，你的权利和我的权利总是相同的。但是，在委内瑞拉发生的是，他们使用自然资源囚禁了贫困的人民，授人以鱼，而不是投资于人民的思想，让他们获得自由。现在，委内瑞拉的经济每况愈下，通胀率非常之高，汇率极不稳定……

主持人：资本主义发达国家又怎么样呢？就像美国，收入不平等现象也十分严重。由于华尔街资本主义的贪婪，2008 年的国际金融局面出现了巨大的混乱，您对此怎么看？

托莱多：我很高兴你能提出这个问题。美国的不平等现象有所增加。美国是一个很富有的国家，人均年收入 37 000 美元，但是人均收入并不会告诉你任何关于分配不平等的信息。拉丁美洲也仍存在严重的不平等现象，尽管我们相对有所进步。我们减少了贫困，但是不平等现象仍在持续。所以我的基本想法是：减少不平等现象，通过教育、营养改善、医疗保健、机会均等，以及消除歧视，让人与人之间更加平等。

主持人：您说的歧视是指什么？

托莱多：比如说性别歧视依旧存在。此外，占秘鲁人口 85%的本地人和另外的 15% 的欧洲移民之间也存在歧视，后者统治着前者。但我是个叛逆者，我是一个接受过高等教育的教授，我通过温和的经济管理政策治理国家。没有任何一个地区的独裁政权能够保持可持续的经济增长水平，也没有任何一个独裁政权能够消除贫困、不平等和歧视的状况。投资于人民的思想比投资于金矿更重要。金矿毕竟是有限的，你也不能随身带着金矿。明天我要去印度了，我不能在口袋里带一座金矿，但是我可以带着我的知识和思想到任何地方。

主持人：总统先生，我的最后一个问题是关于社会公正与经济效率之间的关系的。现在一些西方的朋友指责我们实行的是国家资本主义。这意味着我们对个人自由没有足够的重视。个人自由在西方是被写入人权法案并得到保护的，特别是在美国。我们在过去30多年，一直在进行基础设施建设。从中国的发展过程中我们可以学到的是，要想富，先修路，而要想做到这一点，就需要强制迁移一个地区的居民来建设高速铁路。现在在德国和美国，有一些案例表明当地人因为想要更高的补偿而不愿意搬迁，而且他们也想通过法律手段维护自己的财产权。这也大量地耗费了政府的智慧和力量。这样的结果是，个人自由会得到保护，但整个国家的发展和大部分人的利益可能会受到损害。所以，您认为是否需要对绝对的、无条件的个人自由进行限制，以保证大多数人能够从国家发展战略中获益？

托莱多：祝贺你，这是一个非常好的问题。我是民主、法律和包容性社会的坚定拥护者。我不会介入中国的国内政治，但是如果民主不带来实际的可度量的成果，比如经济增长，比如更加平等，比如社会排斥的减少的话，也就是说，如果我们不为之注入一个内容的话，那么民主就是一句空话。在中国，贫困人口减少的数量令我印象十分深刻。当我结束博士学习的时候，我第一次到中国发表演讲，将现在的发展与那时相比，中国在这方面的成就实在是太令人钦佩了！

主持人：然而中国并不是一个西方国家眼中的民主国家。

托莱多：对，并不是。

主持人：对于您这样一个人权和民主的拥护者来说，这是不是一个很严重的问题？

托莱多：但是我同时不断强调的是，如果民主不能带来平等、消除贫困和社会排斥，不能带来经济增长的话，民主就是一句空话！为人民带来好的改变的民主才有价值和意义！

主持人：但是，大部分经历民主化的国家在经济上都很失败。您对这一尴尬的事实如何看待？在这些国家，年轻人走上街头，抗议糟糕的经济政策。自从冷战结束以来，发生了很多颜色革命。那些国家的年轻人想要工作，于是就抗议，然后受到政府压制，有的国家后来就发生了颜色革命。同时这种社会不稳定会导致混乱，会剥夺更多人的工作机会，于是产生恶性循环。

托莱多：你和我的观点是一致的。我说的就是，如果经济增长和民主并不带来实际的成果，不能消除贫困、不平等和社会排斥，那结果就是社会解体和社会不满滋生。对我来说，如果民主不能带来任何好的东西的话，它就是一句空话！

主持人：非常感谢您参与本期的《对话》节目，讨论关于发展中国家在转型中出现的一些典型问题。我对您的所说的一切表示理解，包括为了保证经济稳定和良好投资环境所需要的人权、法律和秩序。再次见面时，希望能就更多问题进行讨论。

中国与新兴市场的新挑战与新机遇

——中国网专访秘鲁前总统亚历杭德罗·托莱多

主 持 人：中国网记者马浩哲

嘉　　宾：秘鲁前总统亚历杭德罗·托莱多

采访时间：2015 年 10 月 18 日晚

采访地点：北京饭店

秘鲁前总统亚历杭德罗·托莱多在"2015 新兴市场论坛"召开期间在北京饭店接受了中国网西文版的专访，围绕中国与新兴市场的新挑战与新机遇等问题谈了自己的看法。

记者：在经济发展步入新常态的当下，您认为新兴市场的发展机遇在哪里？

托莱多：首先，我非常高兴我和我的妻子以及代表团能够再一次来到中国。其次，我认为本次论坛为新兴市场的发展提供了

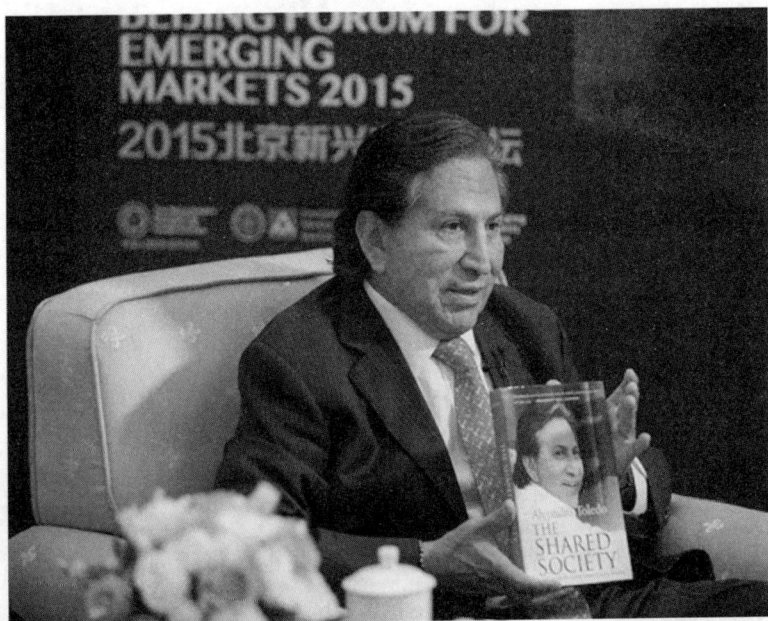

亚历杭德罗·托莱多

重要的机会。

我不敢确定现在我们正在迈入的是一个新常态还是一个新的多极时代。苏联和美国的两极格局早已结束，现在有更多的群体活跃在国际经济贸易舞台上。中国在新兴市场中扮演着至关重要的角色，为了取得更辉煌的成绩，中国不仅仅活跃在拉丁美洲，同时也在非洲以及其他大洲的国家发展中发挥着重要作用。

5个月前，由斯坦福大学出版社出版了我最新的一本书，并且这本书还出乎意料地成为今年的畅销书，你可以通过电子书的形式阅读这本书。这本书将会被翻译成10种语言，其中包括中文，为什么？因为中国与拉丁美洲的关系十分紧密而且重要。在矿业、渔业等领域，中国已经超过美国成为拉丁美洲第一大贸易伙伴，下面我将从秘鲁、拉丁美洲和世界三个层面来具体解释。

中国企业已经进入秘鲁的三大矿场：Las Bambas 铜矿、Toromocho 铜矿以及首钢秘铁的矿场。同时，中国石油集团也刚刚完成了对巴西国家石油公司（Petrobras）秘鲁气田的收购。中国企业主要是从秘鲁购买矿产资源如黄金、银、铜、锡以及鱼类产品和开采少量的石油。

中国在秘鲁的投资已经达到了 200 亿美元左右，在拉丁美洲的投资总额是该数字的 4—5 倍。中国正在努力开拓的另一个投资领域是拉丁美洲拥有相对优势的农业领域。

我很希望能与大家分享我书籍中的一章，即《未来 35 年拉丁美洲将成为最为繁荣的地区》，并且我也即将于周二在北京大学发表主要依据这章的内容的演讲。拉丁美洲大陆将会在接下来的 35 年中成为世界上最有发展前景的地区，为什么？是的，拉丁美洲仍将会面临不同的挑战，特别是今天的世界因为石油和狂

亚历杭德罗·托莱多接受采访

热的宗教而发动战争，但是我们通过科学研究，已经发现了可以取代石油的物质，因此今后就不会再因为争夺石油资源而发生战争了，油价也已经从 100 美元一桶降到 40 美元一桶了。

我和我的妻子所任教的斯坦福大学在近期和谷歌公司联合研究发现了石油能源的替代品，他们制造出了一辆用太阳能板来驱动的汽车，它不需要天然气，也不需要电力，并且也不是混合驱动。尽管这辆汽车尚未面世，但它已经引起我们的注意：汽车不需要司机，不但自动驾驶技术出众，而且能够有效地避免交通事故。我举这个例子是想说，我们今天面临的挑战与 2050 年将面临的挑战有所不同，35 年后，当全世界人口达到 90 亿，也就是比现在多 20 亿的时候，你和你的子孙将会面临着诸如清洁的饮用水资源短缺的问题、食品安全的问题、气候变化的问题。

非常遗憾的是，现在的世界不仅面临着金融危机，同时也面临着一个带领世界对抗未来风险的领导力危机。的确，这是一个新世界，但将同样会出现新的挑战，那就是来自洁净饮用水资源短缺、食品安全以及气候变化所带来的不利影响的种种挑战。

这也同时意味着，当下我们就需要采取措施来避免 35 年后可能出现的种种不良后果，这也就呼吁一个世界范围内非政治性领导力的出现。很遗憾的是，现在这样的领导力还处于短缺状态，包括美国。不过，我感到非常高兴的是，中国作为秘鲁的贸易伙伴，贸易额已达到 160 亿美元，同时我们与美国的贸易额也达到 140 亿美元，我们需要共同面对新的挑战，促进贸易的进一步发展。

世界逐渐缩小，而我们也面临着另一个挑战，那就是贫困。现在，穷人已经不耐烦继续当穷人了，这就带来了一个对社会不满的问题。所以，增长是很好的，拉丁美洲欢迎来自世界的投资，欢迎来自中国的投资，但是也要保持谨慎。在我看来，最终的目标并不是单纯的增长，而是要通过经济增长促使社会资源更好地分配给穷人并努力减少贫困人口数量。

记者：您是如何看待中国与新兴市场的新挑战与新机遇的呢？

托莱多：我认为双方都拥有巨大的机遇。中国有机会开发拉丁美洲及非洲的市场，同时中国也应该明白，为了实现好的收益和实现长远的可持续的投资，也需要充分地考虑如何促进社会的和谐。

由于拉丁美洲社会不稳定因素的存在，中国企业的投资也面临着一定的风险。比如说秘鲁的 Las Bambas 矿场，矿主是中国人，马上就要投入生产了。在我的任期时，Las Bambas 矿场属于英国 Xstrata 公司所有。我建议中国企业投资后，要特别注意社会责任，如帮助当地农村人从中收益等，还有环境责任。如果这方面的工作做好了，就可以减少投资风险与不确定性。我认为中国在其他新兴市场国家投资时，同样需要注意这样的问题。

马克·扎克伯格、谷歌、WhatsApp、Facebook、Twitter、Linkedln、雅虎都使得这个世界变得更小，使我们能够如此方便地来往。这次论坛提供了一个良好的契机让我们来讨论新兴市场的发展与投资可能性，但需要强调的是，未来的发展需要双赢，单方面的获益并不可行。正像我之前所说的那样，农村群体也希望能够从相关基础设施建设、饮用水项目、排水系统、健康医疗、道路交通、高质量教育等多领域中受益。我希望，在 2050

年前，中国、拉丁美洲以及世界上诸多新兴市场国家能够在科学技术以及创新领域成为很好的合作伙伴。

记者：秘鲁是新兴市场的一分子，您对中国与秘鲁间的经贸合作有怎样的期待？

托莱多：我希望双方的经贸合作可以持续增长。事实上，与中国的经贸合作总量超越美国令我感到十分震撼。中秘间的贸易额已达到 160 亿美元，而我们与美国的贸易额却只有 140 亿美元。中国与秘鲁在矿业、石油、渔业等多领域开展经贸合作，在我的书中也提到，到 2050 年，拉丁美洲将拥有世界 47% 的清洁水资源，这正好可以为那时世界范围内的饮用水危机提供解决方案。

其次，我们还拥有世界上为数不多的仍在呼吸的"地球之肺"——亚马逊雨林。再者，我们丰富的物种能够在全年内生产多样化的农产品，有些甚至一年能够有两次收成。举个例子，秘鲁是世界第一大芦笋生产国和鳄梨生产国。因此我们非常重视环境发展，也非常希望与重视环境和社会问题的企业建立良好的合作关系，从而营造和谐稳定的发展条件。

最后，我想特别感谢本次论坛，同时我也对本次论坛抱有极大的期望。我很高兴这次论坛在中国举办，这将十分有利于促进中国与新兴市场国家之间的关系得到进一步发展。

作为北京大学的名誉博士，我将受邀前往北京大学介绍我的新书。除此之外，我也希望看到中秘双方能在直航开发等多领域进行更深入的交流和合作，我衷心地祝福两国人民。

把中秘和中拉合作关系提升到新的高度

——今日中国专访秘鲁前总统亚历杭德罗·托莱多

采 访 人：今日中国记者麦高（Michaei Zrate）

嘉　　宾：秘鲁前总统亚历杭德罗·托莱多

采访时间：2015 年 10 月 18 日下午

采访地点：北京饭店

记者：在过去的 20 年中，中国的迅速发展可谓是一个十分具有地缘意义的事实。当今中国正在努力由生产制造型向生产服务型转变。您也在主题为"中国与新兴市场的新常态"的分论坛上发表了演讲，我们很想知道，您是如何看待中国正在经历的这段经济发展时期的呢？

托莱多：事实上，我认为这是一种新形式，而并不只是一种新常态。中国在世界经济中占有举足轻重的地位，它有着自己的相对优势，比如，其国内消费极大程度地取决于其庞大的人口数量。同时，中国也是世界其他国家经济发展过程中一个极其重要的合作伙伴。因此，中国面临的困难必然会对其合作伙伴的投资和贸易带来不利影响。我希望中国政府能够采取适当的措施来避免经济的滑落，否则将会给中国以及世界各国带来巨大冲击。中国与拉丁美洲的关系十分重要。作为除美国外的拉美第一大贸易伙伴，中国在很多领域都有参与。中国从秘鲁购买了诸多矿产资源，如黄金、银、铜、锡等，以及品类众多的鱼类产品。同时中国也在努力加强与拉美地区的优势型农业合作。在此，我很希望能与今日中国杂志分享我个人书籍中的一部分内容，即《未来35年拉丁美洲将成为最为繁荣的地区》。

记者：近年来，中国也为拉丁美洲经济发展注入了新活力，但是现在中国的经济增长速度正在放缓。您认为中国与拉丁美洲应该如何克服当下的困难？

托莱多：拉丁美洲在过去60年间学到了很多。拉丁美洲是一个制造业发展混乱、靠进口替代以及高通货膨胀的地区，但是我们学习到了在住房方面应当节俭。在2008至2009年的金融危机期间，这一点也有所体现，因此我们并没有发生危机。在危机后的经济恢复方面，我们也要比其他发生危机的国家恢复得快。为了呈现一个更加明确、切实、可衡量的区域级的发展成果，我们仍需加强拉丁美洲的建设以及管理能力，但这并不是外界的责任。尽管经济增长放缓是一个事实，但是如果我们能够使经济增长结构多元化，我仍然对拉美的发展抱有相对积极的态度和信心。

记者：您认为中国与新兴市场国家之间存在着哪些机遇？

托莱多：毋庸置疑，双方都拥有众多的发展机遇。中国有机会开发拉丁美洲及非洲的市场，但是中国也需要明白，为了达到高收益，长远持久的投资需要以社会的和谐为基本保障。承担社会和环境责任是至关重要的，这一点能够使中国在新兴市场国家的投资中得到更大的回报，并有利于减少投资风险与不确定性。同时，农村群体也希望能够从基础设施建设、饮用水项目、排水系统、健康医疗、道路交通、高质量教育等多领域受益。我希望，在 2050 年前，中国、拉丁美洲以及世界上诸多新兴市场国家能够在科学技术以及创新领域成为合作伙伴。

记者：在您的总统任期期间，中国与秘鲁针对贸易协议的签署进行了系统研究，之后成功地签订了《中国—秘鲁自由贸易协定》。同时，在此期间，秘鲁认可了中国的市场经济体制。您现在也正在为明年的大选作准备，那么，针对与中国的关系方面，您将有哪些新的具体的措施？

托莱多：没有人能够否认中国是一个拥有 13 亿人口的重要市场。我可以提前透露的是，我们将与中国建立更加丰富和更加深入的投资贸易关系，这种关系将比我在任时乃至之前所有时期都要密切。我相信，我们在中国乃至整个亚洲都有巨大的可能性。尽管秘鲁与美国有十分密切的经济关系，但是中国已经超越美国成为秘鲁的第一大贸易伙伴，这一点非常令人震撼。我希望这种贸易关系能够进一步得到发展，也希望这种关系不要仅仅局限于原材料的进出口方面，而是能够在科学技术、创新领域、农业、生态旅游业、高附加值加工制造业等方面开展更加深入的合作，从而建设一种更加平等开放的合作关系。

记者：如果您能够在明年的选举中胜出，您是否会支持由中国提议建设的穿越秘鲁和巴西的"跨洋铁路"？

托莱多：当然！我们非常支持这条铁路的建设。在此，我想借这个机会表明，如果我们赢得了选举，我们将会在秘鲁塔克纳（Tacna）和通贝斯（Tumbes）两个城市分别以支线的形式连接秘鲁内陆地区，以便农业生产者能将其农产品推广到更大的市场。这项提议在李克强总理不久前访问秘鲁时已经得到了肯定。

记者：无论如何，您的政府也会借鉴中国铁路建设经验吗？

托莱多：当然。我参加过上海高铁的通车仪式，虽然我们不需要那么高速的铁路，但是时速 300 千米的列车确实能够极大地帮助我们。

记者：当今世界经济竞争十分激烈，我们正目睹世界向贸易集团化和组织化方向发展。秘鲁也加入了美国发起的"跨太平洋伙伴关系协定"（TPP），而中国也正在推动"一带一路"倡议的实施以及亚投行的建设，您如何看待这一系列举措？

托莱多：我认为，中国应当开拓更多的领域，而不仅仅局限于原材料。我会邀请中国在基础设施建设、传媒、科学技术及创新领域进行投资。拉丁美洲仍然是一个新生的市场，所以中国的投资能够推动我们的出口更加多元化，这些也并不排除原材料的出口。当下，我们也面临着另一个挑战——贫困。现在，穷人已经不耐烦继续当穷人了，这也带来了一个对社会不满的问题。增长当然是很好的，我们欢迎中国来拉丁美洲投资，但是我们必须明白，我们最终的共同目标，是通过实现经济增长来将更多的资源分配给穷人，并借此努力消除贫困，而不是简单地为增长而增长。

记者：恰好几天前，中国国家主席习近平提出了到 2020 年使 7000 万贫困人口脱贫的目标。在过去的 15 年间，中国有超过 6 亿人口脱离贫困，您认为中国反贫困政策中有哪些是特别值得学习的地方呢？

托莱多：从 35 年前我第一次来到中国到现在，中国发生了天翻地覆的变化。然而，中国减少贫困和不平等的道路仍然很漫长，就像我们拉丁美洲一样。我们已经在减贫中取得了进步，但是我们仍然是世界上最不平等的地区之一。我希望，中国在消除世界贫困和不平等方面继续发挥更加重要的作用。同时，为了我们的子孙后代，在环境保护方面，中国也应当发挥主导作用。

致力于研讨新兴市场发展路线图

——央广网专访孟加拉国前总理法赫尔丁·艾哈迈德

采 访 人：央广网记者王梦妍

嘉　　宾：孟加拉国前总理法赫尔丁·艾哈迈德

采访时间：2015 年 10 月 19 日

采访地点：北京饭店

记者：您怎么看待中国"一带一路"倡议在经济方面对沿线国家可能带来的影响？

艾哈迈德：这是一个十分卓越的倡议。我们已经了解到，在历史上，丝绸之路对中国的贸易产生过十分重要的影响，惠及了中亚乃至欧洲国家。中国提出了建设"一带一路"的倡议，我相信，对于相关国家而言，这将有利于刺激贸易增长。我们希望"一带一路"项目能够覆盖更多的国家，以促使人民生活水平得以改善和提高。

记者：针对这项政策，孟加拉国是如何准备的呢？

哈迈德：孟加拉国和中国有非常重要的合作项目以及连续多年的协作关系。孟加拉国的首都达卡已经连接上了从印度到巴基斯坦的通道，通到拉合尔，甚至到阿富汗和伊朗。我认为中国也可以建设一条类似的道路穿过缅甸，从昆明到达卡，并且可以进一步延伸，使这条通道可以连接其他线路。

记者：您对中孟两国关系的发展前景持怎样的看法？

艾哈迈德：1977 年，在孟加拉国第一批造访中国的高级官员中，我是代表团成员之一。当我们抵达北京时，同样是在今天的会议场地——人民大会堂举行了会议，两国之间的合作开始，随后的合作逐年增加。在基础设施建设尤其是桥梁合作、电力项目建设、城区配套设施建设等领域，中国一直都是孟加拉国非常重要的合作伙伴。我相信这种合作在未来会进一步加强。中国可以在新的领域提供资金和技术，改善孟加拉国的基础设施条件，最终提高人民的生活保障水平。

记者：那您怎么看待亚洲基础设施投资银行和亚洲开发银行之间的差异呢？

艾哈迈德：亚洲开发银行是一个多元化的发展银行，向多个领域提供贷款与援助，基础设施只是其中一项。亚洲开发银行并没有充足的资金和资源配备来满足亚洲新兴市场国家对于基础设施建设的需求，因此在中国的主导下，亚投行应运而生，这可以弥补亚洲发展中国家对于资金需求的中期缺口。亚洲新兴市场国家和其他发展中国家在基础设施建设方面的需求是庞大的，一些分析人士估算总需求为 5 万亿美元，因此亚投行的成立，将在支持发展中国家基础设施建设方面扮演主导者角色，当然它也可以从其他银行获得支持，例如从亚洲开发银行等。

记者：您怎么看"一带一路"倡议在这方面的作用？

艾哈迈德：亚洲基础设施投资银行将为许多国家的许多部门的发展提供资金支持，主要用于推进"一带一路"建设，也需要互补性地投资诸多国家的其他行业，如对于贸易促进、区域发展、农村发展等方面的投资。可以说，这种互补性投资是伴随性的，而且有利于将投资于"一带一路"建设的红利放大。

记者：您在大会发言中提到了与新兴市场国家合作的线路图？

艾哈迈德：是的，我认为我们在这里举行新兴市场论坛，就是要讨论新兴市场国家未来几十年发展的路线图。中国已经成为世界上最大、最成功的新兴市场国家了，已经积累了丰富的成功经验，还有许多其他新兴市场国家，也有自己的实践和尝试，我们应该好好地进行讨论，并努力形成有利于促进新兴市场国家之间合作的路线图，要不断讨论并推进落实，直到变成现实。

继续推进国际金融和货币体系改革

——央广网专访国际货币基金组织前总裁米歇尔·康德苏

采 访 人：央广网记者卢靖

嘉　　宾：国际货币基金组织前总裁米歇尔·康德苏

采访时间：2015 年 10 月 19 日

采访地点：北京饭店

记者：感谢您今天下午接受我们的采访，采访您是我们的荣幸，非常感谢！

康德苏：应该是我的荣幸，对我来说是个好机会，我非常喜欢和中国人交流。

记者：我们知道，在 2010 年初首尔的 20 国峰会（G20）上，国际货币基金组织投票份额改革是当时的一个热点问题。您认为新兴市场国家应该有更多的话语权吗？

康德苏：我认为是的。作为一个原则问题，合法性可以保障机构良好地工作，所以确保投票权重符合国家在整个世界的发展情况以及符合该国的重要性是非常关键的。这意味着新兴市场国家应该看到它们的力量在增加。对于中国而言，我必须说，改革之初并不是很完美，但无论如何，2010年在首尔的会议上，首次投票配额的增长改革计划得以实施，这是很好的一步。遗憾的是，美国国会尚未表决，但是我希望国会支持这一改革。

记者：所以在您看来，这一改革应该是亟须推进的，是吗？

康德苏：是的。我相信，我们应该每五年讨论一次，看投票分布情况是否反映了世界各国的实际发展情况。在目前这个阶段，我们确实落后了，这不利于国际货币基金组织发挥权威作用。

记者：我们知道，在国际货币基金组织成员国中，美国的投票权重为16%，而作为世界第二大经济体的中国，在其中的投票权重仅为3.8%，您认为这合理吗？

康德苏：这是一个非常糟糕的情形。中国在国际货币基金组织投票权中的权重应该与其经济体量相匹配，目前过低的投票权比重应该得以显著地提升。中国经济在不断地发展，中国在国际货币基金组织的投票权比重也应相应提升。

记者：一些分析师指出，这是国际货币基金组织遭遇重大阻力的改革之一，您认为如何打破这些阻力？

康德苏：这确实是一项最重要的改革，而且，我也看到了其他一些日趋重要的议题，比如说将人民币纳入特别提款权（SDR）

货币篮子，等等。在今天下午的会上，我们也讨论了这一问题的可行性。我相信我们需要深入改革，用更强的资源、更大的法律权利使国际货币体系和国际货币基金组织的治理制度更合理。所有这些重大变化也是这个世界未来三四十年所需要的。

记者：有些评论家指出，如今的国际金融秩序已经不适应当前的国际经济发展现实了。您如何看待这样的看法？

康德苏：我们必须进行深入和广泛的改革，包括实现凯恩斯曾经的梦想。凯恩斯在国际货币基金组织创立之初，就考虑使其成为世界的中央银行。如今，我们不仅需要让国际货币基金组织成为世界的中央银行，还需要利用其特别提款权，以特别提款权中的人民币作为世界货币，以更好地平衡全球市场的资金流动情况。

记者：有人说，国际货币基金组织与金砖国家开发银行和亚洲基础设施投资银行之间的多边交流会成为亚洲的国际金融新机制。你认为这三个机构会在亚洲形成一个新的国际金融秩序吗？

康德苏：嗯，我认为成立亚洲基础设施投资银行是一个极好的倡议，世界各国都需要更好的基础设施投资，非洲、拉丁美洲以及亚洲的国家，比如印度尼西亚、菲律宾、越南等国都有巨大的投资需求。我也相信亚洲基础设施投资银行将成为新的国际金融秩序的一部分。

记者：我认为新秩序不仅包括亚投行，也包括金砖国家开发银行。您对金砖国家开发银行有什么看法？

康德苏：是的，这都非常好。对我来说重要的是要有一批金融支持基础设施建设的机构，它们是地区发展的关键元素。

记者：那么，您如何定义国际金融新秩序呢？国际金融新秩序和旧秩序有什么不同？

康德苏：我们需要时间来讨论这个重要问题。我认为的新秩序是：每个人都认为这个秩序是合理的。每一个国家都认为这个秩序代表了自己，这个秩序的中央组织拥有其所需要的权力，让需要建立的规则能够在全世界范围内建立起来，这个秩序让所有的组织能够致力于可持续发展、消除贫困、应对气候变化、满足世界的真正所需，并且让每个人都能感觉到。为此，我们需要稳定的机构来维护金融稳定，这就是为什么我们建议国际货币基金组织要进行改革，这样国际货币基金组织最终是有可能成为世界的中央银行的。

记者：也有一些评论说，亚投行使国际金融体系产生了裂缝，使欧洲和美国之间的利益变得不同，您同意吗？

康德苏：我认为，为了整个世界的良好运作，需要所有的参加者都积极参与、紧密合作，如果某一个重要的参与者没有参与进来，出局了，这将影响世界稳定。所以我期待20国集团（G20）有新的变革，让重要的参与者比如说中国和其他新兴市场国家，与美国、欧洲、日本等一起，为实现一个共同的目标——世界的可持续发展而努力。

记者：今年11月，国际货币基金组织将重启特别提款权一篮子货币的审议工作，您支持人民币加入特别提款权货币篮子吗？

康德苏：是的，我认为人民币加入特别提款权的时候到了。

记者：您认为人民币加入特别提款权会产生什么影响？

康德苏：人民币加入特别提款权将为中国带来很多改变，世界也将会对中国的重要性进行重新评估和考量。中国是非常大的贸易国，对世界经济有着非常重要的影响，中国的货币成为特别提款权货币篮子的一部分也非常重要，这将对国际贸易有很大的促进作用。

记者：目前，美元占据特别提款权篮子的比例超过了 40%，你觉得合理吗？

康德苏：特别提款权确实存在许多问题。我认为最重要的是让它尽可能合理地反映世界货币和金融交易的情形。目前，美元占据霸权地位，欧元的重要性逐渐提升，我相信人民币将会带来一些改变。作为世界货币的一个胚胎，特别提款权的信用将会被加强。

记者：如果我们想让人民币加入特别提款权货币篮子，您有什么建议吗？我们在哪些方面可以做得更好？

康德苏：中国在人民币国际化进程中已经做得非常好了，一步一步很扎实，不仅保证了中国经济本身的稳定性，也为世界经济的稳定做出了重要贡献。我相信这些都是正确的。无论 11 月的会议结果如何，对中国来说，继续朝着稳定的方向发展至关重要，中国现在也走在正确的道路上。就像我说的，总有一天，这些改革会发生。

　　记者：我们看到，一些国际专家，他们多次试图扩大特别提款权的使用权，所以你认为特别提款权目前的使用权存在过于狭隘的问题吗？

　　康德苏：是的，它存在太多的限制。今天下午我也谈了这个问题。我认为，应当适当地使用特别提款权。我希望，许多金融机构可以有它自己的账户，例如，建立特别提款权。特别提款权也应当分配更大的数量。特别提款权的交易已经变得越来越重要，这对于新兴国家特别是对那些拥有特别提款权的国家而言，应该为将来成为世界货币做好准备。

　　记者：您认为国际储备货币多元化是一个重要的趋势吗？您觉得需要提高欧元、日元、英镑和人民币和其他国家货币在国际储备货币中的比例吗？

　　康德苏：不在于货币的多少比例，而是这个足够令人信任的系统必须保持在中央银行的保险箱中没有太多的储备，但其他国家能够将这些储备用于项目的投资与发展。困难在于，当存在着一个不太稳定的国际体系时，央行就必须积累大量的资金储备。所以国际货币基金组织的新的发展目的就是创建一个稳定的系统，那么国家将会更少地进行储备交换，从而花精力使资金更多地投资于实业。

　　记者：我们看到国际货币基金组织在 10 月的报告里提到，新兴市场国家日益增长的银行债务正在威胁着世界金融体系的稳定性，国际货币基金组织要如何监督这一现象呢？

康德苏：国家在这方面必须非常谨慎。多年来，国际货币基金组织旨在对抗危机和帮助部分国家恢复其信用，有时候是非常严厉的项目调整，这也是我在位时工作的重要内容之一。因为重建经济必须背负大量债务，这是很痛苦的。所以我的建议是：不仅是政府，也包括企业都要谨慎对待债务问题，并且确保让债务服务于基础设施和开发项目，当然也不能忽视非生产性支出所带来的其他效益。

记者：您认为新兴市场国家在信贷质量和资本流动冲击问题上会比其他国家更加脆弱吗？

康德苏：不一定，这取决于国家自身。你不可能要求所有新兴市场国家都符合一样的标准，哪怕是在中国内部，标准都不是完全相同的。但是每个国家必须注意到自己的弱点，按合理的方式管理好本国经济发展问题，并且不被经济危机所冲击，但问题在于，一直以来经济危机都是影响发展中国家和新兴市场国家经济发展的严峻问题之一。

记者：那我们就以中国为例，您认为中国目前遇到了这样的困难了吗？

康德苏：没有！迄今为止，中国在资本管理方面一直都非常谨慎，而且中国一直非常重视国际机构的建议。作为国际货币基金组织的前任主席，我可以说国际货币基金组织和中国一直有着良好的合作，中国很重视我们的建议，我们也为中国所做的贡献和所取得的成就感到自豪。我没有理由不认为中国会继续将这样的良好势头保持下去。对中国来说，最好的情况就是在走向一个更美好世界的过程中避免经济出现大幅波动。

记者：事实上我们看到，中国正在逐渐地向消费驱动的增长模式转换，正在努力地去杠杆和降债务。对于中国如何实现这一具有挑战性的工作，您的建议是什么？

康德苏：不在位就不方便谋其政了。我现在身边没有那么多高水平的专家协助我去逐月分析中国近期的经济形势，因此我也就没有资格去建议中国现在应该做些什么了。我的基本判断是，中国现在正在尝试做的，是通过提升国内消费来刺激经济增长，以保证经济增长引擎继续运转。在这个过程中，政府对待负债问题，需要非常谨慎，但现实情况似乎都很好。与此同时，这种谨慎的方式对亚洲和世界的稳定性也是有好处的。

记者：我们看到今年中国的经济增长速度在放缓，有人称之为新常态。您是如何预测中国经济在未来 5 年或 10 年的发展趋势的呢？

康德苏：尽管我没法准确地预测，但是我看了中国在过去 35 年里取得的辉煌成就，因此我认为，拥有这样智慧的中国，将继续在国际上和发展中保持改革开放的势头。

记者：您没有告诉我们一个具体的增长百分比，而是告诉了我们一个大趋势。

康德苏：是的，我刚刚说的只是一个大趋势。我认为中国以后的增长，不会像改革开放初那样快，因为中国的发展现在已经

达到了一定的成熟度。你也知道，中国的人口老龄化已经是一个
问题了，这对未来几年也会产生一定的影响。这些都是中国需要
面对和解决的新问题。

记者：最后一个问题，是关于今天召开的新兴市场论坛所讨
论的重点问题。我们看到，新兴市场国家的经济增长有所放缓，
您怎么看这个问题？您对今天开幕的这个论坛有什么看法？

康德苏：新兴市场国家比较多，这些国家之间有很大的差
异。有些国家的经济已经在衰退了，有些在缓慢增长，而中国仍
然做得很好。我们的论坛就是要认真讨论如何管理好不同情形下
的经济发展问题，包括应对和解决好眼前的问题以及预测和提出
如何管理好未来几十年将会出现的问题。其中重要的一点就是要
对现行国际金融和货币体系进行合理的改革，以保证它成为未来
世界经济发展的一块稳定的基石，使世界各国都能从中获益，无
论是成熟的、新兴的还是发展中的国家或经济体。

通过结构转型提高生产率水平

——央广网专访中国社会科学院副院长蔡昉

采 访 人：央广网记者王梦妍

嘉　　宾：中国社会科学院副院长蔡昉

采访时间：2015 年 10 月 19 日上午

采访地点：人民大会堂

记者：蔡院长，大家现在都在讨论中国的产业转型发展问题，其中一个热点就是服务业的快速发展。您怎么看待提高服务业比重这个问题呢？

蔡昉：对于服务业比重提高这个问题，一般人们多是从需求方面来考虑的，因为服务业可以增加就业，增加收入，扩大内需，这是一个方面。从另一方面来看，服务业比重提升，这是产业结构调整的过程，也就是说，从已经出现报酬递减的产业向生产率水平更高的产业转化，就可以获得更高的生产所得，因此，

它会促进经济增长。从这个意义上来讲，我们不应该简单地说二产比重下降了，三产比重上升了，而应该看二产下降的是什么，三产提高的又是什么。如果我们直截了当地说，我们的二产，过去主要是一些劳动密集型产业，目前遇到了一些比较优势下降的问题，劳动力供给不足了，工资水平提高了，这个时候其比重适当下降，转向生产率水平更高的三产，也就是说，我们的制造业在结构上要进入中高端，中高端也就是意味着不仅要有生产，还要有设计、创意、售后服务、销售，等等。因此，从一、二产的直接生产过程衍生出三产的生产性服务业，也可以提高我们整个产业结构的档次，同时可以创造新的就业机会，增加收入。从这个意义上来说，如果我们从供给方看三产比重的提高，就更有意义了。

记者：那么，从这种结构转换中，我们可以看到的新的经济增长动力表现在哪里呢？

蔡昉：我们说经济增长动力的转化，是从宏观角度来看的，主要是指从过去依赖投入转向依赖创新，依赖生产率水平的提高。具体而言，从二产的直接生产过程转向三产和为二产服务的一些新兴服务业，这些服务本身就蕴含着生产率水平的提高和技术含量的提高，因此，我们说是一个新的经济增长点，也是新的增长动力。

记者：刚才，三季度的 GDP 出炉了，您能不能简单地预测一下今年四季度的经济增长？

蔡昉：今年我们原定的目标是增长 7%，现在的实际情况是

6.9%，与 7% 只有一步之遥。6.9% 本来就是符合我们目前的增长能力的，再加上今年我们出台了一些改革的措施，这些改革措施终究会转化为改革红利。这样看来，今年增长 7% 还是有可能的。即使年底的增长只有 6.9% 甚至 6.8%，也没有什么本质差别。

中拉合作促拉美生产率水平提升

——央广网专访拉丁美洲开发银行行长恩里克·加西亚

采 访 人：央广网记者卢靖

嘉　　宾：拉丁美洲开发银行行长恩里克·加西亚

采访时间：2015 年 10 月 20 日

采访地点：北京饭店

记者：早上好，加西亚先生。您能接受我们的采访，我们感到十分荣幸！我的第一个问题是：在您看来，当前中国与拉丁美洲之间有哪些方面的合作，合作的重点在哪里？您认为目前的合作算是处在哪个阶段？

加西亚：非常感谢，很高兴能接受你的采访。我们拉丁美洲对中国与拉美之间的合作持十分乐观的态度。我们在很多领域都有合作，其中的重点之一就是在基础设施建设方面的合作。为什么是基础设施建设？这是因为拉丁美洲本身在基础设施领域的投资仅占其 GDP 的 3% 左右。我认为这一投资比例至少应当翻倍，达到 6%。当然，我们没有足够的储蓄来完成这样的投资，因此我们需要引入外国资金，不仅是直接投资，也包括贷款。中国既有充足的资金，也有基础设施建设方面的专门技术与丰富经验，因此我认为中国的建筑公司参与拉美基础设施建设的空间是很大的。这是其一。

另外，中国也有能力为拉丁美洲带来适用的高科技和创新要素，这有助于拉丁美洲从传统的相对优势走向更具有竞争力的优势，意味着我们的出口会拥有更多的附加值，拉丁美洲可以跻身世界生产前列。这方面的合作空间也是很大的。

记者：可能您也知道，中国经济进入新常态，中国和拉丁美洲都面临着产业结构升级的任务。作为拉丁美洲开发银行的行长，您认为这个银行在其中扮演什么样的角色呢？

加西亚：我们拉丁美洲开发银行也完全认同这一点。我们对拉丁美洲各国说，拉美需要制定一个长期的发展规划。此外，正如你所说，拉美的产业结构要转型。这就意味着我们要发展其他产业，而不仅是传统的原材料生产业。从这个意义上讲，正如我之前所说的，中国的专业技术对我们非常有用、非常宝贵。

记者：在中国对拉丁美洲的出口中，超过 90% 的部分都是科技产品。有分析认为，这会增加贸易保护主义抬头的风险。您是否这样认为呢？

加西亚：我并不这么看。但是，拉美的出口不能一直都是 90% 的是原材料，而主要的进口都是工业制成品。这样，我们需要想办法平衡中拉贸易关系。从拉丁美洲来看，重点就是要使我们的生产更加有效率，能够更多地满足当地市场的需要，来自中国的投资或来自世界各国的投资能够帮助拉美促进生产，同时也能从中获益。更多的贸易保护并非良策，我认为我们需要的并不是贸易保护，而是在开放市场的同时提高生产效率。

记者：我们可以看到，传统的贸易模式使得拉美经济很容易受到中国对原材料需求减速的负面影响，您说对吗？

加西亚：非常正确。中国正在通过刺激内需来寻求更加均衡的发展方式，这是一个很好的决策。当前在中国经济中发生的变化也是源自这一明确的决策。在这种均衡发展的情况下，显然中国无法保持11%的增长率，正如我所说的，在很多年内，中国在新常态下增长速度会保持在6%到7%之间。当然，这对当前的商品价格有一定的冲击，这正是我强调拉美经济要更具竞争优势的原因。原材料确实重要，但是它们不是全部，拉美的出口需要有更多附加值，才能不再如此脆弱。

记者：面对近年来中国与拉美贸易的增长，您如何看待人民币国际化在拉美的持续进展？它的前景如何，又面临怎样的挑战呢？

加西亚：中国的资本流动、直接投资和贸易往往过于集中在某几个国家。正如你所知，拉丁美洲是一个广阔的大洲，包括了墨西哥、中美洲、巴拿马、南美洲，有很多拉美人民在此生活，有太平洋海岸、大西洋海岸，还有加勒比海。我建议中国着眼于整个区域，并在此基础上促使贸易和资本流动更加多元化。

记者：基于您的了解，中国目前所面临的主要挑战是什么呢？

加西亚：存在着两类挑战。其中之一就是我所讲的，不要集中在两个或三个国家投资，而是尝试向更多的国家投资。另一个挑战就是，不仅要考虑投资于自然资源，也要在中国拥有专业技术的其他领域进行投资。这正是中国自身的经验。在过去的35年里，中国正是通过接受高质量的直接投资，现在才成为了一个如此强大的国家。中国现在不仅拥有原材料，也拥有技术和创新，还有销往全世界的产品。我们也希望成为这个链条中的一部分。

记者：有专家认为，拉丁美洲面临的挑战在于拉丁美洲经济进一步美元化，这直接导致了对美元的过度依赖。您也这么认为吗？

加西亚：这是一个重要问题。在这个新的时代，国际货币需要进一步改革，我认为在这个过程中人民币会有一席之地。拉丁美洲确实相当地依赖美元和欧元储备。我们需要使储备多元化，我认为中国极具潜力，能在其中拥有重要地位。

记者：今年6月，50多个国家正式签署了亚洲基础设施投资银行协议。您认为亚洲基础设施投资银行和拉丁美洲开发银行之间有什么共同点吗？

加西亚：二者之间有很多共同点。我觉得这是个很好的问题，因为我认为在亚洲基础设施投资银行和另一家银行——金砖国家开发银行建立之时，都参照过我们拉丁美洲开发银行的管理和制度类型。我预见在未来，几家银行之间可以在很多方面进行互补。我希望我们可以与亚洲基础设施投资银行一起工作，因为拉丁美洲开发银行在基础设施建设领域非常专业。我们的投资、贷款、技术合作、研究、制度建设主要都是在基础设施建设领域，我们有极具创新性的产品和服务。下一次访问中国时，我希望拜访亚投行的管理层，看我们能够合作做点什么。

记者：您有要与亚洲基础设施投资银行分享的经验吗？

加西亚：正如我刚才所说的，首先，我们对拉丁美洲的基础设施建设有非常全面的了解。其次，从起步阶段就要有一个长期的规划，要有项目准备。项目准备不仅是技术层面的，比如准备兴建道路、隧道的技术等，也包括起步阶段对金融、经济以及环境方面进行综合考虑。再次，不仅要进行传统的贷款，同时也要尝试使用创新金融工具，例如向使用者收费、部分担保、股权投资等。我认为我们可以分享这些经验，我也希望他们对亚洲以外地区的合作同样感兴趣。我期待与他们在拉丁美洲密切合作。

记者：您昨天提到拉丁美洲开发银行希望与中国进出口银行和中国国家开发银行有进一步的合作。您认为主要是在哪些领域里进行合作呢？

加西亚：实际上，我们和这两家银行已经都有合作了，特别是和中国国家开发银行在许多年前就建立起了合作关系。我们共筹资金，我们也有信贷额度。我们的优势在哪里呢？主要是我们非常了解拉丁美洲这一地区和这里的国家的情况。

记者：中国这两年在积极推进"一带一路"建设。您认为其中有哪些新的机遇呢？

加西亚：我们对中国提出这一倡议、推进这项建设，尤其是中国在世界上扮演新角色感到非常高兴。世界权力的结构已经改变了，中国成为一个重要的角色。我们也很高兴地看到拉丁美洲在其中非常重要。你是知道，中国的主席、总理都曾访问过拉丁美洲，拉丁美洲许多国家的元首、政府部长也都对中国进行过访问，中拉关系一直都在强化。同时，通过拉美加勒比共同体（CELAC），拉美与加勒比国家也发展了强有力的合作关系。我们拉丁美洲开发银行会帮助拉美加勒比共同体更好地加强与中国之间的合作关系。

记者：不久前，国际货币基金组织主席拉加德称，当前拉丁美洲的经济形势正急剧恶化。您认为这一说法准确吗？

加西亚：确实，在过去的两年中，尤其是今年，拉丁美洲的发展速度有所减缓。拉丁美洲的增长率为 –0.3%，但这个数据并不体现整个拉丁美洲各个地区的增长。对增长率有重要影响的有三个国家：巴西、委内瑞拉——主要是这两个国家，还有阿根廷。如果排除这三个国家，拉丁美洲的平均增长率并不低。有些国家的增长率甚至超过了 4%，比如说多米尼加共和国、巴拿马、玻利维亚。大部分国家的增长率都超过了 2%。当然，我们对此并不满足。我们期望在未来的两年里，拉丁美洲可以有更高的增长水平，但我们必须为之奋斗，因为只有这样，我们才能成为工业化国家。拉丁美洲还有许多人并不是中产阶级。而且，只有努力奋斗，才能满足拉丁美洲社会对包容性发展和消除贫困的需求。

记者：面对这一新形势，拉丁美洲开发银行将如何应对呢？

加西亚：我们拉丁美洲开发银行将推进产业转型，坚持计划与项目的质量，坚持将重心放在能够尽快产生积极影响的优势领域，并且不仅着眼于短期利益，也要放眼长远，就像中国过去所做的那样。

记者：拉加德也表示，如果美联储加息，这也许会导致拉丁美洲债务市场的恶性循环，她对此表示担忧。您认为拉美是否存在债务危机的可能性，如何避免债务危机呢？

加西亚：好消息是，拉丁美洲的大部分国家现在都不存在债务问题了，尽管25年前债务曾经是一个大问题。尽管如此，在经济管理上我们依旧应当谨慎。当然，美国利率上升是一个明显的预期，因为如此之低的利率并不正常，我们必须要预见到这一点。这就要求许多国家加速改革的进程，以此增加国内储蓄总量，让国内储蓄参与到更多投资中去。这也要求我们更加谨慎地选择项目，并在投资过程中使私人部门扮演更加重要的角色。

记者：这两天，我们对新兴市场进行了很多讨论，所以我最后的一个问题是，您如何总结新兴市场？您对新兴市场在5年之内的发展有一个什么样的预测？

加西亚：我对新兴市场持乐观态度。我认为在自我适应的这一两年之后，如果我们能继续在宏观领域实施正确的政策，并且我们以有效的方式加速推进产业转型的改革，那么新兴市场的未来是很不错的。我认为新兴市场已经成为世界经济中充满活力的积极因素，不仅在经济方面，在政治方面也是如此。所以我对未来5年也是持乐观态度的。

记者：那么，我想特别了解一下，您认为中国在新兴市场中将扮演什么样的角色呢？

加西亚：中国是一个新兴市场国家，而且是一个非常成功的新兴市场国家。中国国内的经济发展对于世界新兴市场的总体发展已经产生了巨大影响，中国已经扮演了非常重要的角色，而且会越来越重要。尤其需要强调的是，中国在我们拉美和其他新兴市场国家的转型进程中，也是一个非常重要的合作伙伴。

对中国与新兴市场近期热点问题的基本看法

—— 央广网专访世界银行前副行长胜茂夫

采 访 人：央广网记者宓迪
嘉　　宾：世界银行前副行长胜茂夫
采访时间：2015 年 10 月 18 日
采访地点：北京饭店

记者：我们了解到，近期国际货币基金组织预测新兴市场国家将面临经济增速放缓的问题。比如在巴西和俄罗斯，我们已经看到了这种情况。那么，您认为新兴市场究竟是出了什么问题呢？这些国家的发展前景如何呢？

胜茂夫：10—12 年前，新兴市场经济增长速度非常快，当时所有的新兴市场国家似乎独立于其他发展中国家之外。2009 年，世界范围内的经济危机让我们看到，全球经济是一个紧密联系的整体，没有国家可以脱离全球经济而独立发展。所以我认为这次危机是由不同的经济周期所引起的，而这其中的主要因素是：由于这些国家的经济发展严重依赖原材料和商品出口，而这样的经济隐含着很多问题。经过 30 多年的快速增长，中国的经济不可避免地放缓了增速。中国正努力从投资驱动型的增长方式转向更加强调服务业、消费、生活质量提升驱动的增长方式。中国希望从世界工厂转变为世界高品质的创新中心，这需要大幅度的结构重组。而在这一过程中，中国并不需要进口原来那么多的原材料，中国就不再是外国原材料的主要出口市场了，这当然就会直接影响到依赖原材料出口的新兴市场国家，正如你所看到的巴西和俄罗斯的情况那样，但这一过程会持续很长时间吗？我认为并不会。

记者：您认为这些国家三四年内会恢复到正常增长的情形？

胜茂夫：我认为我们将看到在新常态下，世界经济发展有望更加均衡，中国经济发展也将更平衡。中国的经济增长曾经带来了很多不平衡，我认为中国的能源需求会转向新能源的方向，就不再需要进口大量原料了，同时产生的污染也会更少。另一方面，巴西等大宗商品出口国，也有望在新的增长模式下发展产业链下游的加工业。我认为世界仍将继续被分为大宗商品出口国和原料进口国，并仍将由后者将原料加工为制成品。

记者：部分学者认为，平均每 7 年有一次区域性或全球性的金融危机，您认为一个周期性的萧条即将到来吗？

胜茂夫：我不明白这种提法的原因何在。也有些经济学家说，我们现在看到的是经济危机的第三个阶段：第一个阶段，我们看到 2008 至 2009 年美国经历的经济危机，然后是 2011 至 2012 年的欧洲经济危机，而现在 2015 年，我们看到中国正在经历所谓的经济危机，但我不认为现在是一场危机，中国就更不是了。

记者：那么下一场危机就不存在了吗？

胜茂夫：我的意思是说，我们看到了中国经济增速放缓，但这是经济增长的新常态。因为中国经济的总量越来越大，我们看经济绝对总量，目前还是在增加的，只是增长的速度有所减缓而已。同时，全球经济的调整，特别是中国经济结构的调整将给中国和全球其他国家带来红利。结构调整的核心就是收入转移，将财富转移到消费者的口袋中。同时我们也应注意到，气候变化是全球应共同应对的问题，现在世界各地的人们都开始关注可持续发展问题了，比如 12 月份的巴黎气候大会。最近，中国和美国已经率先承诺减少温室气体排放；欧盟国家也一直在积极推动应对气候变化问题，印度也加入了相关协议。世界各国必须联合起来，共同应对全球气候变化以及环境保护问题。这非常急迫！否则，这将成为全球的共同危机，而化解这一危机，就需要包括中国在内的许多经济体积极地调整它们的经济发展模式。

记者：您刚才提到了中国经济增长的减速，中国官方预计今年 GDP 增长速度为 7%，同时国际货币基金组织预测中国 GDP 今年为 6.8%，明年为 6.3%。那么中国经济减速将会给世界经济带来哪些影响？

胜茂夫：中国经济增长占世界经济增长总量的 30%，中国经济占世界经济总量的 15%—16%。我们已经看到，许多国家，无论是发达国家还是新兴市场国家，都已经受到了中国经济增速下滑的影响，比如出口原材料给中国的新兴市场国家以及出口精密制成品给中国的发达国家，后者包括以德国为代表的欧盟国家。但我认为这将最终推动其他国家特别是过分依赖原材料出口的新兴市场国家的经济结构改革。以哈萨克斯坦为例，哈萨克斯坦是中国的主要贸易伙伴，主要向中国出口能源和原材料。当原油价格从每桶90美元下降到每桶40美元时，哈萨克斯坦的经济发生了巨大变化，这一阶段肯定会很困难。但同时，哈萨克斯坦政府决定利用这个机会来推动经济结构的改革。因此，哈萨克斯坦制定了很多多样化经济发展的计划，并创造更好的商业环境为创新提供激励机制。中国也在尝试去做类似的事情，我在这里看到每个人都在谈论创新。哈萨克斯坦正试图激励创新，只是政策力度稍小一些而已。哈萨克斯坦希望通过很多制度改革吸引更多投资者，这些改革带来的将是创新行业而非传统制造业的快速发展。

记者：近期有的评论表达了对中国经济形势的悲观情绪，它们担心中国面临经济硬着陆的危险，您对这样的看法有什么评论呢？

胜茂夫：我不属于这样的评论员，但我觉得他们可以被分成两个阵营：一是有些人总是非常悲观，对什么都是悲观的，他们似乎总是希望世界有不好的事情发生，他们当然也不希望经济持续快速发展；还有一些人呢，会相对客观一些。我个人认为没有理由太过悲观，因为我们正在经历一个必然的经济调整期。中国经济的顶层规划者已经通过骄人的成绩证明了他们的管理能力，我们可以相信他们能够通过经济结构调整实现经济成功转型。在这一过程中犯错误是不可避免的，但重要的是，如何从错误中汲取教训并面向未来。我认为我们不应过于悲观。

记者：美国和日本刚刚达成 TPP 协定，有评论表示这一协定意在制衡中国对世界的经济影响力。请问您如何看待 TPP 协定？

胜茂夫：我们知道，近期 12 个谈判国就 TPP 协定达成了基本协议，当然，正式生效还需要由各国政府批准同意，也就是说这还需要一段时间才能真正生效。可以确定的是，我们将看到的是一个非常大的贸易平台，包含太平洋周边的 12 个经济体，其经济体总规模占全球贸易额的 40% 以上，这将大大提升它们在传统世贸组织之外的贸易标准制定话语权。有人认为 TPP 协定的促成是因为美国认为中国不遵守贸易规则，所以希望将中国排除在规则制定之外。但实际上，如果从更加理性的角度来看，各国达成统一的贸易协议标准将对所有国家都有好处。各地区实行不同的贸易标准容易造成混乱和低效，这对各方都没有好处。我们需要开放性的全球体系。我希望最终不只是中国与 TPP，甚至欧盟与 TPP 之间都能达成共同的标准。确定共同的贸易标准对全球贸易发展非常重要，而这一过程需要持续的谈判。中国作为全球经济的重要一员，绝对不应该被忽略。

记者：您认为中国将会加入 TPP 吗？

胜茂夫：可能有一天会吧。不过，也许有一天，情况会出现不同的变化，TPP 会加入中国的贸易协定。一个更具包容性的协议将会是更好的协议。

　　记者：有学者说中国可以分别建立更多双边合作协议以应对 TPP。您同意吗？

　　胜茂夫：中国已经签署了很多自由贸易协定，甚至与 TPP 协定范围内的国家也签署了双边自由贸易协定。重要的是，我们已有的贸易协议应该覆盖尽可能多的商品，同时形成更高水平的协议。进一步减少负面清单的限制条件意味着十分艰难的谈判，因为每个国家都认为本国的农业或类似的产业应该受到保护，我希望中国、韩国等亚洲国家最终可以成为 TPP 协定的合约国。

　　记者：最近，中国提出"一带一路"倡议，请问您如何看待这一倡议？

　　胜茂夫：大家知道，习近平主席在阿斯塔纳的纳扎尔巴耶夫大学发表了重要演讲，有很强的政策意义。中国随后的政策跟进显然是非常重要的。我们已经开始看到一些具体的措施在实施了，这表明"一带一路"倡议正在推进过程中，比如说相关资金已经到位了。我看到中国对中亚的兴趣比以前要大得多，很多中国人都想了解中亚特别是哈萨克斯坦的经济情况、投资环境、交通条件以及投资建厂的条件。两国在双方政府访问后已经展开积极的行动。我认为，中国和哈萨克斯坦都认识到哈萨克斯坦将是中国开展丝绸之路经济带建设的完美合作伙伴，同时哈萨克斯坦也非常希望自己的建设计划能够成为"一带一路"建设的重要部分。创造一个联通35亿人口的大经济带，不仅仅只是公路、铁路、航空的物理连通，还蕴藏着非常多的财富创造的机会。当然这种经济互联必须建立在可持续发展的基本精神之上，坚持绿色发展来开展投资。"一带一路"也必须是共同受益的，这意味着它必

须同时服务于中国和其他相关国家。一旦达成这些共识，我希望
该计划能够尽快得以实施。

记者：世界银行的报告显示，1978 年以来有 5 亿左右的中国
人从农村到了城市，请问您如何看待这场巨大的城市化进程？

胜茂夫：我认为城市化是中国财富创造的源泉之一。现代化
和高效率的城市，意味着更便捷的对外联系、更先进的技术以及
更多的创造性思维等，这些因素形成了巨大的优势。同时大城市
往往能吸引优秀的劳动力，有创意或有技能的劳动力也通常会在
城市聚集。我认为，现在是基于数字化技术的社会，会从城市集
群中获得很多好处，因此，城市化将成为经济增长的驱动力。但
是，城市化本身也有很大的成本，我们必须明智地建设城市，并
保持城市发展的可持续性。你是知道的，京津冀一体化建设将创
造一个巨大的城市集群，但大城市也有负面效应，比如道路交通
的拥堵，人们会考虑是否值得花两三个小时的通勤成本。所以，
可持续的城市建设将带来很多好处，缺乏规划的城市化建设将带
来大量的负面成本。同时，大都市的环境也将对人们的生活方式
和思维方式造成影响。

记者：有些人认为，中国和日本在某些方面是非常相似的。
日本自 20 世纪 60 年代开始直到 90 年代，其经济增长的速度都
很快，但随后遇到了一些问题，比如房地产泡沫破灭等，您认为
中国会经历类似的事情吗？

胜茂夫：实际上，中国的房地产泡沫现在已经开始破了，住
房价格的下跌就是一个标志。这会促使很多人把钱转移到股市上

进行投资，并引发股市价格的抬升。转型时期的国家如中国和当年的日本，都将在经历高速增长后逐步调整到稳健增长期，在这一过程中总会遇到经济泡沫的。学习其他国家的经验很重要，但处于不同发展时期的不同国家，主要还是要依据自己的实际情况拿出应对措施。

记者：从去年开始，很多中国人非常热衷于股票投资直到今年出现了股市崩盘的情况。请问您如何看待中国股市的情况？股市的大跌会影响到实体经济吗？

胜茂夫：据我了解，很多人融资炒股，甚至有9 000万新股民加入股市投资。其中很多人借钱买入股票，并期望股价继续上涨并获得收益。当然，股价大跌后他们损失了投入股市的钱，这将影响他们的现实生活。我认为这将通过传导机制直接作用于实体经济，我们不应该低估这一点。

记者：有消息称，人民币将在下个月获准进入特别提款权一篮子货币。您认为人民币会不会因此而挑战美元的地位呢？

胜茂夫：人民币在国际结算方面的重要性不断加强，我认为人民币结算贸易额已经超过日元，成为继美元、欧元、英镑后的第四大结算货币。如果人民币能够加入特别提款权篮子货币，这将更准确地反映全球经济发展状况，所以我希望人民币能尽快加入，当然这也要求中国政府必须承诺其外汇管理能够更加市场化。

中国发展有利于促进世界和亚洲发展

—— 央广网专访亚洲开发银行前常务副行长拉贾特·纳格

采 访 人：央广网记者宓迪

嘉　　宾：亚洲开发银行前常务副行长拉贾特·纳格

采访时间：2015 年 10 月 18 日

采访地点：北京饭店

记者：三年前您在接受英国《金融时报》(*Financial Times*) 的访问时称，尽管中国经济实力在世界舞台上不断增强，但中国依然是"贫穷国家"，并说主要原因是"中国人均 GDP 收入仍只有约 4 000 美元，远低于亚行 7 000 美元的门槛"。现在您仍然认为中国是一个"贫穷国家"吗？

纳格：中国在过去几年里取得了出色的成绩，在消除贫困方面更是"世界第一"。在过去的 15 年里，曾经的贫困人口都走上了小康的道路。据统计，全世界消除贫困 70% 的工作是由中国做出的。1980年，中国大约有42%的人口生活在贫困线以下，现在这个数字已经降到了7%以下了，毫无疑问中国在消除贫困方面取得了巨大成就。中国的人均GDP收入现在已经达到了8 000美元左右，已经是中等收入国家了。我想说的是中国仍然有穷人，这就是为什么中国国家主席习近平在最近的演讲中提到，要在2020年消除绝对贫困，让处于贫困线以下的7 000万人口脱贫。中国在消除贫困方面取得的成就确实很了不起，但消除贫困的任务还没有彻底完成。

当然，目前中国仍然是个发展中国家，仍然面对着许多诸如消除收入不平等、城乡二元结构等的挑战。但毫无疑问，中国此前的改革是具有特色的，而且已经取得了巨大的成就，所以中国依然需要走深化改革的道路，使人民继续从改革中受益。当然，中国在改革开放30多年里所取得的成就是一个非常好的"中国故事"。

记者：您提到中国仍然是发展中国家，还有很长的路要走。根据中国官方的预测，今年中国经济增长将会在7%左右。您如何看待中国经济逐步放缓、进入新常态的情况？中国经济转型中有哪些需要重点关注的领域？这对全球经济将带来什么样的影响？

纳格：中国经济在过去30多年里保持了令人难以置信的平均10%的增长率，世界上没有哪个国家能一直保持这个增速。但从2009年开始中国经济增速逐渐放缓，未来五年计划的GDP增速可能甚至会低于7%，但这是意料之中的，因为中国经济不可能一直保持10%的增速，经济增长必须是更加平衡、可持续的增长。中国过去的增长很大程度上都是投资驱动，而新常态下经济增长更多的是依靠消费、服务等，这是更可持续的增长。

当然，中国现今的服务业还不能完全取代工业的地位，制造业需要继续进行结构调整，比如中国还需要在技术创新领域不断取得进步。新常态下虽然中国经济增速有所放缓，但每年6%—7%的增速对于中国这样一个大国来讲仍然是一个了不起的成就，中国经济依然会对世界经济产生重要的积极影响。我依然对中国经济保有信心。

记者：目前，世界上其他新兴市场国家似乎遭遇了挑战。根据国际货币基金组织报道，巴西今年经济增速预计下降3%—4%，俄罗斯也差不多，您如何看待这一问题？

纳格：我认为有两方面的原因：一是国际市场大宗商品价格持续下滑，巴西在这方面受到了巨大影响，例如中国经济下行就造成了对巴西自然资源需求的减少。二是存在着结构性的问题。但总体来说，世界经济的中心在往东移，向中国、印度转移。中国仍会是未来一段时间最大的经济增长体，新兴市场如印度也会保持第三或第四的水平，但增长可能会有所减速。

记者：与此相对应的是，美国经济则持续回暖，市场对加息预期强烈。您判断美联储会在何时加息？对包括中国在内的新兴市场国家有何影响？

纳格：这很难预测。包括美国在内的一些发达国家目前的经济增速确实比较不错，美联储最近发布了一系列报告表示不急于加息，因此让我来做出具体预测比较困难。但是毫无疑问，美国经济复苏对包括中国在内的一些新兴市场国家的发展是好事情，因为世界经济不是简单的"零和博弈"。

记者：中国是亚洲开发银行（亚行）的重要成员国，拥有6.473%的股份和5.477%的投票权，仅次于日本和美国；与此同时，中国在一些发展中国家的项目上也开始与亚行开展"竞争"了，如巴勒斯坦的迪阿莫－巴沙大坝（Diamer-Bhasha Dam）。您如何看待这一现象呢？

纳格：由于我已经从亚行退休，所以我现在并不代表亚行。我并不认为中国与亚行主要是竞争关系。事实上，亚洲对于基础设施建设的投资需求是巨大的。亚行几年前的一项研究认为，亚洲每年对于基础设施建设的投资需求约为 8 000 亿美元。从这个角度上来看，包括亚行、世界银行等都只能满足部分需求，因此我认为中国积极参与到对亚洲的基础设施建设项目投资中来是一件好事。正在筹建的亚投行也会在这方面有很大帮助，这对亚行也是一件好事，因为我们可以协同合作，满足更多国家和更多人对基础设施建设投资的需求。

记者：所以您认为这会使更多的人受益？

纳格：大量资源会从公共部门向私人部门转移，这绝对会使更多人受益，但这必须以相对公平的方式实现。

记者：那我们就来聊聊亚投行吧。我们发现，中国以 30.34%的股份和 26.06%的投票权获得了亚投行的实际否决权，因此我们似乎能看到亚投行和亚行的不同，因为亚行似乎是由美国和日本占主导地位的，而这样看来中国对于亚投行而言，应该比较重要一些？

纳格：是的，中国在亚投行占据了相当大比重的股份，这反映了中国在世界经济上逐渐扩大的影响力，但其实包括印度在内的很多国家也在亚投行中。很显然，亚投行是一个国际组织，中国占了很大比重，但中国在亚行的地位也不容低估。

我认为仅有的区别在于，亚投行会集中关注基础设施投资方面，这是亚洲目前主要的需求，这同时也有助于推动中国倡导的"一带一路"建设。亚行虽然也会投资很多基础设施建设项目，但也涉足教育、医疗方面，投资的行业更宽泛一些。亚行在金融和经济结构调整方面也做了许多工作，所以我认为其实亚行和亚投行的分工是个互补的概念，两个机构应该相互合作、相互支持。比如说，亚行已经有 48 年的悠久历史，在项目投资方面具有丰富的经验，可以供亚投行学习；亚投行则有资源上的优势，重点更加突出。我希望亚投行和亚行能够紧密协作，在改善亚洲基础设施建设方面做出贡献。

记者：现在大家谈论的另外一个热点就是 TPP 了。美国和日本均加入了 TPP，一些学者认为这主要是为了针对中国的经济崛起，您认为呢？

纳格：我们应该将地缘政治放进现实中来考虑，这关乎许多地区势力、经济势力、政治势力等。世界经济此消彼长，现在美国是世界第一大经济体，中国紧随其后且增长动力强劲，未来中国可能会取代美国成为第一。我的观点是，我们应该思考如何更加有效地使整个亚洲受益。现在美国、日本和一些环太平洋地区的国家都加入了 TPP，占全球贸易总量的 40%。我认为 TPP 尽管带来了如你所提及的政治问题（side political issues），但依然可以使全球受益，因为它涉及了占全球 40% 的贸易量的几个国家。中国和印度则在致力于区域全面经济伙伴关系（RCEP，"10+6"）建设，这也会是很有影响力的区域贸易组织。所以我认为 TPP 不是牵制中国的问题，而是各国如何保护自己利益的问题，正如美国、日本和其他太平洋国家正在做的那样。中国是包括美国在内的许多国家的重要贸易伙伴，谁也不可能把中国排除在外。虽然贸易总是和政治有些微妙的关系，但无论如何，促进各国经济发展仍然是其最主要的动力。

记者：您认为中国应该加入 TPP 吗？

纳格：我认为中国、印度等所有国家都应该加入更大的全球性贸易组织，比如 WTO 的多哈回合谈判，但有时"最优方案"很难实现。对于中国 – 东盟自贸区、中国 – 印度自贸区、区域全面经济伙伴关系（RCEP）等这些区域贸易组织而言，都是如此。危险之处在于这可能导致所谓的"意大利面条碗效应"（Spaghetti bowl effect），使得事情变得更复杂。我个人认为应该使得贸易组织涵盖尽可能多的国家，如果中国和印度都加入 TPP，那差不多就是整个世界了，这应该是最终目标。当然，最重要的是，任何地区贸易协定都应该遵守的规则是开放的前景、成员国之间可以相互合作，但不能歧视成员国之外的国家。

记者：我看到《美国观察报》（*American Observe*）的报道中称 TPP 为 WTO2.0 版本，所以现在加入 TPP 对于中国和印度这样的国家来说不是一个很好的时机吗?

纳格:这些都是策略上的问题,但全球最终的战略目标应该是实现自由贸易,这对所有人都最好。我认为区域全面经济伙伴关系能对 TPP 伙伴国施加一些压力,尝试让更多的国家联合到一起。我认为缺少中国或印度的贸易区是不完整的。

记者:中国对世界的影响力也在与日俱增。中国的"一带一路"倡议、人民币加入特别提款权篮子货币等现象都说明了这一点。您是如何看待中国的崛起对国际社会的影响的?

纳格:我认为如果一个国家崛起的同时也让其他国家获益,这就是好事。事实证明,中国的崛起对世界发展起到了有益的作用,因为当中国经济增长时,就会产生更多的消费,因此东盟和一些亚洲国家对中国的出口就增加,目前中国已经成为这些国家的商品的主要出口国了。只要一个国家乐于合作,不向其他国家施压,其崛起对世界就是有益的。当然,一个国家的能力越大,相应的责任也就伴随而生。中国有可能在 2020 年成为世界上最大的经济体,印度可能变成世界第三大经济体,未来可能有四大经济体巨头:中国、美国、印度、日本。这些国家理应在一些诸如应对气候变化、加强区域安全合作、促进全球贸易繁荣等方面展现出自己的担当。因此,我认为只要中国崛起的过程和结果能带动其他国家的发展,促进国家间互利合作、开放市场、促进贸易,那么就是有利的。总之,增长可以是积极的,但需要兼顾其他国家的利益。

记者:与您所说的这一点相关,中国目前正积极与其他国家合作，共同推进"一带一路"建设。您认为"一带一路"建设是否对其他国家有利？这是不是马歇尔计划的重现呢？

纳格：马歇尔计划使得欧洲在第二次世界大战后经济迅速复苏，这对欧洲是一件好事。现在中国的"一带一路"倡议旨在使沿线国家增强联系，人民可以买到不同国家生产的物美价廉的商品和服务，使得区域贸易更加便利。因此"一带一路"建设本身是好事，带动了周边国家的经济活动，使得商品、能源等的流动更加便利，比如"土库曼斯坦—阿富汗—印度—巴基斯坦管道项目"等就是如此。总之，"一带一路"需要纳入到区域一体化合作框架中进行考量。其他国家的人民不应将其视为中国对地区进行控制的手段，而应视作加强联系和增强流通的纽带。

记者：中国和印度有很多相似之处，比如说都是世界上的人口大国，也都同为发展中国家，因此两国应该加强合作，您说是吗？

纳格：毫无疑问，中国和印度应该加强合作。正如你所言，我们两国都有大量的人口和庞大的消费市场，有许多可能来维持长久互利共赢的关系。两国之间的友好关系已有千年之久了，目前世界经济重心正在向东移动，中国和印度必将在一些世界性问题上扮演重要角色。例如，气候变化问题如果缺少中印两国参与，将一事无成。因此，中国和印度理应精诚合作。

记者：但解决气候变化问题也需要美国的参与。

纳格：这点毫无疑问，但是中国和印度作为发展中国家里两大经济体，在许多方面具有相似性。两国的人口几乎占世界总人口的1/3，对气候变化问题有很大影响。

记者：正如您所说，中国经济增长离不开和其他国家之间的合作，中国过去从亚行获得了许多贷款，但现在中国向亚行借贷的贷款正在减少。您知道亚行对中国的贷款主要都是用在哪些领域吗？

纳格：我现在不太清楚亚行对中国的贷款细节了，但我觉得中国从亚行获得的贷款越来越少很正常，因为中国自身的经济实力增强了。即使我在任时，中国拿亚行的贷款也不是很多，中国贷款的原因不是为了钱，而是希望从亚行和世行贷款来提高有效使用资金的能力。中国的贷款主要投入在西部大开发、气候变化治理等方面，这些会继续下去，直到中国的增长使得它不再需要亚行的贷款为止。中国现在已经成为亚行的重要捐款方了，这对亚行有好处。

记者：去年世行的报告指出，中国自 1978 年以来，已经有超过 5 亿人迁入城市定居，这堪称人类历史上最大规模的城镇化。同时，我们发现城市人口拥挤现象变得严重，空气污染在不少城市也成了大问题。您对于中国应对这些问题有何建议？

纳格：我认为城市化是中国经济发展必须经历的阶段。如果我记得没错的话，3 年前中国已经以城市人口为主了，50% 以上的人口现在居住在城市，中国的城市化进程确实很快。

城市化能够带来更好的基础设施、公共服务、生活条件，所以我认为，问题不是阻止城市化的进程，问题在于如何有效地管理好城市化。这不仅仅是中国问题，其他很多国家也需要处理城市化的问题，必须发展公共交通，改善住房条件、教育条件、卫生条件等。我的建议是积极地对待城市化，提前做好规划。城市需要公共交通、住房、供水、卫生设施，还要有充足的学校和医院，这些都必须有计划地准备而不能没有章法。城市化必将到来，但不能被动地接受，而要主动规划。同时政府要提前做好财政预算，应对可能发生的政策调整，包括电价、公共交通价格、水价、房价等的变化，因为如果这些方面免费或者补贴很高的话，城市化的成本就太高了，基本上无法运作。城市规划至少需要包括基础设施建设和政策改革两方面，后者也包括了价格改革。

记者：北京现在有超过2 000万人口，是中国最大的城市之一。今年陆续有京津冀一体化的措施出台，以求更好地疏解北京城市功能，带动周边地区发展。您如何看待京津冀一体化呢？

纳格：这是一个非常理性的决策。对每个人来说，你必须问自己：为什么来到北京？为什么去印度德里或印尼的雅加达？因为对人们来说，这是服务聚集的地方。他们会想，即使他们现在住在北京这种拥挤的地方，他们也会找到相对比较好的工作，取得相对比较高的收入，拥有更完善的医疗设施和教育服务。如果你能在其他地区找到同等条件的服务，同时也有经济机会，那对于缓解"大城市病"肯定是好事。总之要以系统化思维处理这些问题，给人们更多选择。工业重心过于集中，对一些污染严重的工业进行整体搬迁也很重要。北京和很多地方一样太过于集中，印度也面临相同的问题。印度的首都德里也在通过学习智慧城市建设方法寻求相应的解决办法。工业分散布局、拉动首都周围城市圈发展等计划对印度来讲，具有很好的借鉴作用。

记者：您听说过习近平总书记提出的"中国梦"吗？当然，

也许不同的人对"中国梦"的理解不同，但都有属于自己的"中国梦"。您的"中国梦"是什么呢？您对于中国有何期待？

纳格：我的"中国梦"也是我的"亚洲梦"。的确，我们每个人都希望越来越富裕，收入越来越高。但经济增长的同时，亚洲社会变得越来越不公平，贫富差距越来越大，所以我希望亚洲国家能摆脱贫穷，实现平等、包容的增长；我希望女孩子和男孩子都能有平等的机会；我希望城乡发展更加均衡；我希望各种不平等现象能够进一步得到消除。当然，经济增长的同时也不能忘记环境保护，因此我希望增长是"绿色"的。我们这一代人没能达到这些目标，但是我希望将来各国都能够实现包容和绿色的增长。

亚投行和金砖国家开发银行有利于促进 发展中国家的经济发展

——中国国际广播电台（CRI）专访亚洲开发银行 前常务副行长拉贾特·纳格

采 访 人：中国国际广播电台（CRI）记者郑成广

嘉　　　宾：亚洲开发银行前常务副行长拉贾特·纳格

采访时间：2015 年 10 月 18 日

采访地点：北京饭店

记者：中国是最大的新兴市场国家，同时也是金砖国家主要成员国。首先想请您谈谈您对这次论坛的整体印象。

纳格：这个论坛是一个关于新兴市场的专门论坛，中国在其中扮演了重要的角色。这个论坛把我们来自世界各地如拉美、非洲、亚洲的专家学者、前政要等聚集在了北京，我们都感到很高兴。本次论坛的主题是"中国与新兴市场"，主要是交流中国与新兴市场之间的关系，尤其是我们会充分地讨论中国改革开放和发展的经验，特别是中国在过去的30多年里在减少贫困上做得非常好，而这个问题目前对许多新兴市场和发展中国家而言，仍然是一个重大挑战。改革开放以来，中国已经减少了超过6亿的贫困人口，世界减贫人口的70%来自中国，所以，世界其他国家都需要向中国学习。此外，论坛也就另外一个重要问题进行了研讨，那就是关于如何实现世界经济可持续增长的问题，以及经济增长中基础设施建设的重要性问题。大家认为，我们不仅只是关注经济增长本身，而且也要特别地关注经济增长质量的问题，因此我们必须考虑包容性增长问题以及与此密切相关的中国和其他不少国家都存在的社会不平等问题。我们还应该慎重考虑环境问题。这次论坛的讨论所涉及的重大问题是比较多的，200多人参加这个论坛就是要对这些重大问题进行深入讨论，找出其中的原因，找到解决的办法。

记者：您刚才提到了减少贫困，事实上在不久前，中国承诺到2020年，要使所有的贫困人口都摆脱贫困。根据您对贫困问题的研究，基于中国过去减少贫困的历史表现，您认为这个目标能够实现吗？

纳格：当然，我毫不怀疑。中国现在有7 000万人口仍然处于贫困线之下，我对中国能在2020年实现对于这部分人的脱贫目标非常有信心。但我们同时也应该明白，只是让人民跨过贫困线并不够，我们要让跨过贫困线的人民能够永远保持在贫困线之上生活，这就是可持续的问题了。经过努力，人民可能越过了贫困线，但一场疾病或一次自然灾害来临，很可能他们就又回到原来的水平了，我们的目标是确保他们永远都生活在贫困线以上，这一点就直接与教育相关联了，因此教育对于摆脱贫困特别重要，因为教育质量的重要性体现在它能让人民进入有更高生产力水平并能获得更高收入的知识性行业。同样，我们也需要特别关注医疗卫生行业，我们需要为人民解除疾病建立完善的机制。我毫不怀疑中国能减少或者消除贫困，但如何减少不平等和城乡差异以及如何处理进城务工农民的社会保障问题，还有快速发展中的环境问题，都可能是需要继续应对的挑战。中国还在发展过程中，即使解决了贫困问题，还会出现许多新的问题，但到目前为止，中国已经做得很好了。

记者：我们知道，金融危机之后，金砖五国在领导全球增长上是当之无愧的明星，但现在，这五个国家都显示了增长疲软的迹象，人们甚至开始讨论起了新的新兴市场——"薄荷四国"（墨西哥、印度尼西亚、尼日利亚、土耳其）。您认为金砖五国的经济放缓将会是长期趋势，还只是短暂现象呢？

纳格：我们应该把经济增长分为两部分：一部分是周期性的，一部分是长期性的。经济的周期性上行和下行是不可避免的现象。我们的经济正在经历周期性的下行，不仅仅是中国，其他国家也是一样。印度经济增长率超过 7%，这当然很惊人，中国经济在增速方面开始显示放缓趋势，低于 7% 的水平，但我并不认为中国的经济基础是薄弱的。这些国家总体来说有很好的宏观经济稳定性，它们的人口结构年轻，这是一个重要的优势，所以我认为这些国家还有巨大的发展潜力。但我同时也认为，我们不能把自己仅仅局限在金砖五国的框架中，我认为了解美国在发生什么也非常重要，因为美国经济发展也将影响金砖国家，其他新兴工业化国家如墨西哥、泰国和印度尼西亚也很重要，所以我们应该更多地考虑全球经济增长问题。但是，世界经济的重心显然是在向亚洲移动，中国在几年间将会变成世界上最大的经济体，印度将会在前三或前四中占据一席之地。因此我们将看到亚洲会有巨大的增长，但亚洲也面临着许多挑战，如在不平等、气候变化、城镇移民、政府治理等方面都还有些问题，这些是亚洲国家面临的主要挑战。

记者：我非常同意您所说的，我们也确实需要从发达国家比如从美国这个视角去看发展中国家的问题。联邦储备局这一次没有提高利率，但耶伦明确表示美国在年底之前一定会采取这个行动。如果美国一定要采取这个措施，您怎么看它所带来的影响，您认为它会导致新兴市场的资本外流吗？

纳格：是的，我认为这一直会是个风险。

记者：我们应该怎样来应对这一挑战呢？

纳格：总体而言，我们应该使我们的经济更加平衡地发展。我们吸收外国的资本投资比较容易，但它们的外流也比较容易，这样我们的经济就会很脆弱。但如果我们能为优质的外国直接投资提供机会，外国人就将在我们的工厂、学校、医院进行投资，这些就不容易很快地撤走，所以我认为我们的实体经济应为优质海外直接投资提供机会，这将有利于保护我们的经济，使其不会对资本外流那么敏感。

记者：那么，您认为我们应该如何促进直接投资呢？

纳格：第一，我们应该有好的商业环境、管理规则、法律条文，要有可预见性，有好的争端解决机制，这样外国投资者才可能对投资我们的国家有信心。第二，我们应该提供财政激励机制，这不仅包括税收优惠，也涉及税收管理体制的改善与优化。税收应该是可预见的并且是公平的。第三，如果我们能提供受过比较好的教育的有技术的劳动力，这也将是一大助益。当投资者在我们的国家、我们的工厂进行投资时，他们需要技术工人，如果我们能提供优质的教育，这将大有帮助。所以我们不仅只是投资实体基础设施建设——这当然很重要，因为我们需要良好的道路、港口和机场让物流畅通，同时我们也应该投资于软件础设施建设，也就是投资于对人的素质的改善与提升。

记者：今年我们见证了两个新的银行的建立，这就是亚投行和金砖国家开发银行。有报道说，这两个银行是由于国际货币基金组织和世界银行改革迟缓导致新兴市场面临窘境而建立的，所以事实上它们都是白手起家的银行。您怎么看待新建立的国际金融机构和老牌国际金融机构之间的关系，后者如国际货币基金组织和世界银行？您认为它们之间的竞争会更多呢，还是合作会更多？

纳格：首先，我完全赞同你的观点，我认为这些机构的建立反映了当今国际金融治理方面的一些窘境，如在管理结构上。比如说，部分经济总量相比于中国或印度显得非常小的欧洲国家在国际货币基金组织和世界银行中却占有更大的份额。所以，像亚投行和金砖国家开发银行之类的金融机构的建立，就被认为是因为新兴经济体在世界经济中的重要性没有被合理地反映后的一种自主选择。既然如今这些金融机构已经建立起来了,我希望新老金融组织间会有更多的合作,而且我认为老的金融机构没有理由不与亚投行和金砖国家开发银行进行合作,因为新兴市场和发展中国家的金融需求非常大。单论基础设施建设,亚洲每年就需要 8 000 亿美金,老的金融机构根本就不可能提供这么多的资金。现在有了亚投行和金砖国家开发银行,就有可能提供更多的资金了,这显然是件好事。因此我非常希望老的和新的金融在机构密切合作,因为这是有利于所有人的。

记者:最后,您怎么看待中国经济的整体状况,特别是在领导未来全球经济增长方面?

纳格:中国经济确实在放缓。第三季度经济增速大约为 6.8%,这是自 2009 年以来的最低水平。在未来五年间,增长率也许会略低于 7%。但是,有两件事也需要明确。首先,中国现在已经是个非常大的经济体了,7% 或者 6.5% 的增速依然具有举足轻重的作用。其次,我们也应该注意到,中国的经济结构调整也十分重要。中国过去的经济增长主要是建立在规模庞大的投资上的,这当然意义重大,也带来了巨大好处,如大规模基础设施得以建立,但现在中国经济在向消费型经济转型,服务业变得越来越重要。当一个经济体发展成熟后,调整经济结构是非常正确的决定。中国经济将继续对全球经济发挥十分重要的作用,并且它即将成为全球最大的经济体,成为全球经济增长十分重要的发动机、领航者。我非常希望中国的经济增长能帮助到周边国家,进而影响整个亚洲、整个世界,有利于其他国家应对挑战,保持增长。

利用"一带一路"建设机遇，促进中亚国家转型发展

——中国国际广播电台（CRI）专访哈萨克斯坦纳扎尔巴耶夫大学校长、世界银行前副行长胜茂夫

采 访 人：中国国际广播电台（CRI）记者郑成广

嘉　　宾：哈萨克斯坦纳扎尔巴耶夫大学校长、

　　　　　世界银行前副行长胜茂夫

采访时间：2015 年 10 月 18 日

采访地点：北京饭店

记者：首先非常感谢您能接受我们的采访！我们知道，您以前在世界银行工作，对新兴市场和发展中国家的发展情况都很了解。我们想请您对当前新兴市场发展的情况以及金砖国家对全球发展的影响谈谈看法，特别是近年来新兴市场的经济增速都有所放缓，您怎么看？

胜茂夫：首先，在10—12年前，全球经济增长的大部分贡献都来自于新兴市场国家，发达国家、经合组织国家的贡献很少。我们当时就认为全球经济进入了分离化的阶段。但2008到2009年的金融危机告诉我们，世界经济并没有分离开来，直到今天危机的影响依然在延续：西方国家的各种量化宽松措施和中央银行政策中注入的流动性，依然让印度和许多新兴市场国家深受其害。这些货币曾大量涌入新兴市场国家，但现在很多人都在把资金从新兴市场国家抽离，这就让新兴市场国家饱受其苦。在这样的国际背景下，中国经济也受到了影响，加上中国正处在经济重组过程中，增速放缓也就不可避免了。不管怎样，人们一定会讨论会是软着陆呢，还是硬着陆？我的看法倾向于乐观。中国经济放缓的主要原因，我认为是因为经济转型的因素。但巴西、俄罗斯、南非就非常不一样了，这些国家也亟须转型，但它们同时还需要加强基础设施建设，其生产率、竞争力、商业环境也需要改善和提高，经济管理也需要加强。应该说，不同国家的情况是不一样的。

记者：是的，您谈到了主要新兴市场国家增长速度放缓背后的不同原因，您也提到了巴西和俄罗斯，这两国都是主要的大宗商品生产国，因此都受到了油价急剧下跌的影响。当然油价有涨有跌，您认为这两个国家目前的困难只是暂时的吗？

胜茂夫：我个人认为油价在较长一段时间内都会保持在较低水平。沙特领导的石油输出国组织（OPEC）试图通过让石油价格下降将非石油输出国组织成员国从市场上赶出去，因此在一段时间内，石油供给将会超过需求，因为除了印度以外，没有其他石油消费国的经济增长会突然加速。中国经济正在实现转型发展并且是在转向绿色发展，事实上每个国家都在讨论绿色经济。接下来，我们还面临全球气候变化的问题，人们终于意识到它的紧迫性了，今年12月，各国在巴黎将有希望达成一份有约束力的协议。我们将发掘更多可替代能源，也许是可再生能源，也可能再次大规模启用核能。这对新兴市场国家意味着什么呢？所有的商品出口国都应该意识到这次不会只是商业周期的变化了。

记者：我们也知道，您现在是哈萨克斯坦纳扎尔巴耶夫大学的校长。中国国家主席习近平在贵校发表演讲时，提出了建设丝绸之路经济带的倡议。您认为习主席所倡导的丝绸之路经济带建设可以弥补哈萨克斯坦在油气出口方面遭受的损失吗？

胜茂夫：整体来说，我们希望"一带一路"特别是"一带"这个内陆部分的建设能为哈萨克斯坦和中亚地区带来好处，使其连接起经济最活跃、消费者要求最多的经济区，它们同时也是世界制造中心。但这也意味着，哈萨克斯坦和其他国家需要拥有投资和交通运输基础设施，也需要建设软性的基础设施，如海关通关、电子信息自动化等，使其更加有竞争力。当然，即使有"一带一路"，中国或欧洲的货运也有其他选择，因此这些国家自身也应该思考如何让自己成为最有竞争力的经济体。

记者：中国提出了"一带一路"倡议，中亚国家也有自己的发展规划，比如说哈萨克斯坦就有自己的"光明之路"规划。您认为不同的规划能找到共同的发展平台吗？如果有差别的话，又该如何协调呢？

胜茂夫：我认为"光明之路"规划可以对"一带一路"建设起到补充作用。哈萨克斯坦很希望抓住这个发展机会来制定一个不受经济周期影响的投资计划，初步计划是重金投入到道路、交通、铁路和其他基础设施建设方面，并使自己的规划与"一带"建设进行对接，并希望从中获取利益。因此，哈萨克斯坦一方面很希望从"一带一路"建设中获利；另一方面，出于对国家自身利益的考虑，也希望保证哈萨克斯坦境内各区域的连通性，并利用这个机会引进大量的专业技术服务，这对发展物流十分重要。这种专业技术服务对哈萨克斯坦和其他国家提高基础设施的利用效率十分关键。

记者：您谈到的这些想法都很好，但往往是知易行难。俄罗斯、哈萨克斯坦等国家，长期以来依赖油气资源出口，您认为哈萨克斯坦和其他中亚国家如何能够实现经济结构的转型发展，其中的关键在哪里？

胜茂夫：我们一定要实行转型发展。我们认为哈萨克斯坦能成为全球价值链中的一部分，其中的关键就是要一直投资于高质量的人力资源建设。高等教育既需要培养高技术人才，以适应经济结构的变化，同时也需要培养富有创造性思维的人才，这也非常重要。要加强研究，要不断地创新，这也是我们大学奋斗的目标。

经济数据符合预期，发挥优势可取得更好成绩

——中央电视台《交易时间》采访姚余栋、蔡昉、张维为

采 访 人：中央电视台《交易时间》记者魏欣

嘉　　宾：中国人民银行金融研究所所长姚余栋

　　　　　中国社会科学院副院长蔡昉

　　　　　复旦大学中国研究院院长张维为

采访时间：2015 年 10 月 19 日

采访地点：人民大会堂

记者：中国刚刚出炉了今年三季度经济情况，你们怎么看待 GDP6.9% 的增长速度？符合预期吗？

姚余栋：GDP 增长 6.9%，我觉得比预想的要好。从各个方面的宏观先行指数来看，像民生新供给的 PMI 指数，已经显示中国经济在企稳回升了，所以四季度我也比较看好，全年达到 7%，

我认为是有希望的。

蔡昉：我们也同样进行过预测。我们通过一些深化改革比如说户籍制度改革等看对经济增长的影响，因为可以增加劳动力的供给。再比如说，现在的上市登记制度也在改革，也在进行简政放权的改革，这些都可以加快创业创新的过程，提高劳动生产力，因此我们还可以取得更好的成绩。

张维为：你现在只要到欧洲去看看，去美国看看，或者去其他国家看看，中国情况相对而言还是最好的，这叫实事求是。就看游客数量，无论是国内的游客，还是出境游的游客，数量都是在增加的，没有减少，而且就业情况总体上也是可以的，说明可能大众创业等政策支持开始产生一些效果了。

记者：怎么看目前中国经济所面对的机遇和挑战呢?

姚余栋：长期来看，主要还是应该看中国的消费者。我们现在的国民收入中老百姓的收入增长，超出了名义 GDP 的增长速度，大约在 8%，无论是城市的老百姓，还是农村的老百姓，消费还是比较强劲的。如果我们看社会零售消费额，增长速度在 12% 左右，而且网上消费增长速度高达 30% 多，因此中国消费有这么强劲的增长，即使投资稍微下滑一点，也没什么关系。鉴于此，我对中国中长期保持中高速增长，充满了信心。

蔡昉：挑战其实也有很多。一个大的挑战就是未富先老，就是在人均收入较低的情况下，老龄化程度已经比较高了。同时加上外部条件现在不好，近期全球化有放慢的趋势，比如说最近几年的贸易的增长慢于 GDP 的增长，对我们的外需增长是一个不利的情况。这时候唯一的做法就是练好内功，提高我们的生产率水平。

张维为：金融这块我觉得还是要慎重一点为好，因为我们还没有掌握许多规律，特别是要了解国际金融市场整个态势的险恶。我觉得中国要是这块能够不出大问题的话，其他方面我们可以调整，因为我们有大量的经验，可以把其他方面做好。

TPP 政治考虑大于经济

——中国网专访新加坡国立大学东亚研究所所长郑永年

采 访 人：中国网记者何珊

嘉　　宾：新加坡国立大学东亚研究所所长郑永年

采访时间：2015 年 10 月 19 日

采访地点：人民大会堂

10 月 19 日，在"2015 新兴市场论坛"的一场活动上，中国网记者就最近热议的 TPP 这个话题采访了新加坡国立大学东亚研究所所长、中国问题专家郑永年教授。

10 月 5 日，美国等 12 个国家达成 TPP 协定，国内关于中国应如何对抗 TPP 的观点甚嚣尘上。作为长期观察和研究中国问题的权威学者，郑永年对此提出了睿智而独到的观点，从经济、政治等维度来考量 TPP 带来的影响以及中国的应对之策。

记者：外界称美国主导的 TPP 是 "ABC"，即 "Anyone but China"，认为 TPP 是针对中国搞的另一种体系，您怎么看？

郑永年：TPP 有两端，一端是新加坡等几个小国，另一端是美国。美国当然有自己的议程，这个议程就是，美国认为从 WTO 体制中能获得的利益已经很少，需要做更高版本的贸易体制。尽管从体制上来说，TPP 谈判的方式有点像 WTO，但我觉得大家必须意识到，TPP 的背后是美国大资本，或者说是跨国资本在推动。谈判的前 5 年，好像谈着谈着就不行了，但为什么后来还是谈成了呢？因为背后是美国企业的力量起了作用。从更长的历史来看，20 世纪 80 年代开始的全球化就是由美国资本推动的。资本就是要趋利的。如果它觉得从 WTO 获利不多，就要追求更高级的体制。

从政治方面来说，TPP 确实是针对中国的。很多加入的成员，包括越南、马来西亚等国，政治考虑远远多于经济考虑。这些经济体如何消化 TPP 对它们的压力，我们还不知道。中国是世界第二大经济体，因而世界上任何贸易组织，尤其是聚焦亚太的经济组织，如果没有中国的加入，肯定是不完善的，或者说是具有很大缺陷的。

但另一方面，TPP 的目的并不是像国内有些人所说的，就是为了排斥中国。它实际上是开放的，是为了让中国符合它的高标准。我们要从两部分来做实事求是的分析。一部分的确是符合贸易规则的，中国也是可以努力的，但另一部分具有很大的政治性。

实际上，TPP 要真正执行，还需要各个国家的批准。哪怕它开始运作了，我们还是要具体情况具体分析。现在这个阶段，没有必要给 TPP 定性。

记者：对于 TPP，中国应该做些什么呢？

郑永年：中国完全可以放松心态，现在被排除在外也不是什么坏事，可以先看看人家是怎么消化压力的。我估计，像越南和马来西亚这样的经济体很难消化。TPP 把这 12 个国家的经济等级化了，美国在顶部，其他国家就是按所谓劳动分工，适合什么位置就在什么位置。那么这个就很危险，美国在 TPP 里强调知识产权，但是这 12 个国家中，除了日本和美国在知识产权方面有竞争力，其他国家很难有竞争力，这样反而对它们的经济不太有利。所以，从这个方面来说，TPP 很像是北美自由贸易区的扩大版。在北美自由贸易区，美国是老大，墨西哥、加拿大依附于美国。TPP 跟欧盟还不太一样，欧盟内部比较平等，而 TPP 是等级性的经济体。当然，你可以竞争，可以往上爬，但我估计，往上爬很难，美国肯定要牢牢地控制地位。就像中国已经进入世界经济体系了，但在国际货币基金组织（IMF）里，美国还是要保留自己的否决权。尽管 TPP 没有这样的规定，但美国会通过其他方式来保持自己绝对的优势地位。

我认为，中国可以先观察这些加入的国家。同时，中国也没什么可惧怕的，要抱着一个开放的态度，能加入就加入，不能加入也不是世界末日。中国也在整个亚太推行自由贸易区，区域全面经济伙伴关系协定（RCEP）在谈，中美和中欧的双边贸易协定也在谈，所以我觉得 TPP 对中国的影响并不是很大。

记者：如果中国加入，利弊如何评估呢？

郑永年：利弊关系是依时间段来看的，不同的时间段有不同的利弊关系。如果加入了，一方面确实可以获得利益，另一方面，对很多国家来说，需要很长时间来消化随之而来的影响和冲击。目前阶段，我认为中国不加入为好，因为中国还没有准备好，而且中国还可以从 WTO 体制中获得很大利益。中国也可以发展自己的贸易组织，比如中国正在推的"一带一路"和亚投行。中国跟美国的经济活动，实际上并不是那么具有竞争性，互补性很强。即使美国做 TPP，有意识形态上的倾向性，我们分析时，也不要过于强调意识形态，实事求是地去分析比较好。

新兴市场的未来

——中央电视台英文频道《对话》节目专访

胡必亮、哈瑞尔达·考利

主 持 人：中央电视台英语频道《对话》节目主持人杨锐

嘉　　宾：北京师范大学新兴市场研究院院长胡必亮

　　　　　美国新兴市场论坛执行主席哈瑞尔达·考利

对话时间：2015 年 10 月 21 日

对话地点：中央电视台《对话》节目演播厅

主持人：先生们，欢迎你们来到《对话》节目。我想相当多的人，不论是国内的观众，还是海外观众，都不是很清楚新兴市场的概念。然而，新兴市场正为世界经济复苏提供重要的驱动力。现在，这个概念出现并迅速成为一种世界范围内的现象，请问考利先生，您能简明地阐述一下相关的背景吗？

考利：世界上大致有 200 个国家，其中有 30 个左右的国家通常被认为是发达国家，例如经济合作与发展组织（OECD）成员国，包括美国、欧洲的重要国家、日本、加拿大等，还有澳大利亚、新西兰等也属于发达国家。另外，例如韩国，也被认为已经是发达国家了。

主持人：是因为它们能够成功地走出"中等收入陷阱"吗？

考利：它们现在都已经成为高收入国家。在 1950 年的时候，新加坡这个地方还很穷，现在已经是成功走出"中等收入陷阱"的典型。目前世界上，大约还有 150 个国家仍然属于低收入或中低收入国家。我曾经说过，世界上只有两类国家：一类国家不断地趋向于成为富裕国家，它们有高于平均水平的增长速度；另一类国家的趋同速度不快，因此陷入中等收入陷阱。新兴市场经济体是指那些经济增长速度长期高于世界平均水平、正在趋同于发达经济体的经济体，包括国家。因此，所谓新兴市场经济体，简而言之，就是指那些做得很好或相对好，同时具有发展希望的经济体，它们正在大幅改善自己人民的生活水平，中国就是这类国家中最好的典范，其次就是像印度这样的国家。

主持人：胡教授，在 2008 年金融危机的影响下，出现 G20 取代 G7 的现象。您怎么看待新兴市场迅速发展的这一强有力的征兆？新兴市场很有可能取代 G7 的传统体系，真正地显示出世界经济增长的新的动力源泉。

胡必亮：基本上是这样的，但新格局的形成仍然需要等待一段时间。正如你所说的那样，2008 年爆发金融危机后，新兴市场在驱动世界经济增长方面确实扮演了非常关键的角色，但我们必须明白，新兴市场仍然属于发展中国家或发展中经济体的组成部分，其总体发展水平仍然比较低，就以基础设施建设为例，中国确实比许多发展中国家好很多，但如果跟发达经济体相比，还有很长的路要走。对于全球经济而言，发达经济体一直都是最重要的驱动力量。尽管近年来新兴市场成为驱动全球经济增长的重要动能，但也不能说就已经取代了发达经济体。现在是两个轮子都在转，但新兴市场这个轮子转得更快一些，因此它对推进全球经济的进一步发展发挥着越来越重要的作用。因此，你说的基本上是正确的，反映了当前的现实情况。

主持人：但媒体似乎对消极方面表现出更多的兴趣，也就是对目前新兴市场经济的下滑表现出更多兴趣，而不再认为其大有发展前途，是全球经济的驱动力了。

考利：应该说是悲观与乐观并存。的确，媒体和民众正在关注着负面信息，这对纠正问题是非常重要的。事实上，在过去的20年中，新兴市场国家以2.5倍于发达国家的经济增长速度在增长，这就是为什么它们能缩小与发达国家之间的差距的原因。如果发达国家的平均增长速度为2.5%，新兴市场国家的平均增长速度就是6%。这个巨大的差异，不仅体现在增长速度上，也会显著地体现在发展中国家人民现实生活水平的不断提升之中，我们绝不能忘记这一点。的确，很多发展中国家和发达国家的增长速度现在都有所回落，而且其增长率的差距也已经有所缩小，但作为一个整体来看，发展中国家目前的增长速度仍然要比发达国家快。

主持人：7%的GDP增长率，对于中国而言，仍然是一个稳健的增长速度，这是你的观点吗？

考利：是的！对于印度或中国，无论是7%或6%，在当今世界，都仍然属于迄今为止拥有最高增速的大规模经济体。所以，如果意大利、法国或西班牙，哪怕能有5%的增长率，它们一定都会很高兴。但是，现在的中国和印度都还在说："嘿，7%好像还是不能满足我们的需要，因为我们过去是9%甚至11%的增速！"所以说，这是个相对增长率的问题。

主持人：不论是新兴市场，还是发达经济体，就业问题都十分重要。如果经济增速放缓，如何能够吸纳每年数以百万计的大学毕业生呢？以中国为例，由于数字技术和互联网的兴起，以及服务性行业的爆发式增长，部分地增加了就业机会。胡教授您觉得在不久的将来，情况又会如何？

胡必亮：是的，就业永远都是一个大问题。这就是为什么我们认为保持一定的经济增长速度仍然是很重要的。考利先生刚才提到，与其他国家相比，中国和印度认为6%或7%的经济增长只是还行、只是可以接受而已，并不十分满意，就是因为这两个大国的人口太多、就业压力太大的原因。具体到中国，尽管是一个经济快速增长的国家，但每年需要新的工作的人太多了，每年毕业的大学生就有600万—700万，因此增长率对我们来说，意义仍然很大。众所周知，不仅中央政府关心经济增长率，地方政府也是如此，因为经济增长对于解决就业来说，是非常重要的源泉。同时，我们也应该特别注意，光有经济增长也是不够的，经济结构变化对就业也起着重要作用，这可以部分解释为什么尽管近几年来中国的经济增长速度连续下滑，但我国的就业率反而有所提高，因为越来越多的年轻人在服务业找到了就业机会，而不是通常集中于制造业或农业部门。服务业的就业弹性大大高于制造业和农业。总之，在中国仍然面临巨大就业压力的情况下，我们需要同时注意两点：经济增长和产业结构调整。

考利：我想补充一下。经济管理是非常复杂的，尤其对于大型经济体而言，更是如此。既要考虑短期的问题，也要考虑长期的情况。对于那些刚走出校园的年轻人来说，很显然需要考虑短期内合适的工作；我们则应考虑中期和长期的情况。结合胡教授所讲的，长期来看，中国很可能类似于欧洲和日本的今天——老龄化社会、人口规模缩小。到 2050 年，日本人口在绝对数量上会比现在少 30%。欧洲也是这样的，譬如说荷兰，其人口数量就在减少。到 2050 年，中国那时的总人口预计比现在更少。

主持人：我想人口减少的情况应该不包括印度。印度有望成为人口最多的国家，因此，它代表着新兴市场的希望，您说呢？

考利：是的！有趣的是，即使是印度，到 2040 年在人口数量上也将达到峰值，然后总人口开始下降。只有在世界的部分地区如非洲，我们可以看到人口的持续增长。世界上其他地区，包括拉丁美洲、欧洲和亚洲，都将面临人口老龄化和人口减少的状况。2050 年的全球问题将会是老龄化、人口减少等问题。

主持人：因此，我们将不得不面临中产阶级队伍壮大的现状，他们大多数居住在城市，造成了巨大的环境压力，也可能是因为资源诅咒，引发了大量的系统性问题，您怎么看待这些长远的问题？

考利：这是一定的！我想补充一个影响因素，那就是由于信息化与互联网的革命，伴随着有些地区（例如非洲）青年人口的膨胀，年轻人的愿望将会不断被激发出来，他们迫切地需要找到工作，这可能会导致一些社会问题和环境问题。如何管理好这些可能出现的新问题，是政治家们将要面临的严峻挑战。在过去的500年中，工程领域的人们，一次又一次地利用不断进步的技术解决新的问题以拯救人类，所以在你我共同生活的时代，技术变革所带来的发展，已经创造或发现了比人类历史上任何时期都更多的知识，因此如果以某种方式让空间得以维持，我很乐观地认为，我们目前的问题以及未来预期的问题如碳排放、机器人技术、基因，或寿命增长等，都是可以一一地解决的。

主持人：您认为新兴市场将更加致力于通过建设橄榄形社会，而不是一味地强调经济效率的重要性。我们将鼓励在城市化过程中从社会政策中获利的中产阶级，集中精力重塑我们的发展议程，以实现社会公平。我的理解对吗？

胡必亮：确实如此。你刚才提到的这些政策导向，将非常有效地改变社会不公平的现状，这不仅在新兴市场是个大问题，在发达国家也是如此。你可以看看已经很发达的美国和欧洲国家，有些民众一直很贫困，不平等现象实际上是在持续加剧。世界上大多数国家，在这个问题上的状况不容乐观；只有少数国家，在这个方面做得比较好。社会不平等这一挑战是巨大的，所以政府需要在政策上做出改变。正如你所提到的，城市化是鼓励人口流动的一种方式，从低生产率的农业部门向较高生产率部门流

动，从农村向城市流动，从贫困地区向发达地区流动，他们因此
将获得更好的教育，拥有更多的机会。与此相关，有些政策与制
度，是需要改变的，例如户口制度就必须尽快改变，如果继续用
旧的户籍制度来实行控制，那就意味着我们还在制造新的机会不
平等。再比如说，农村地区还涉及一个土地制度问题，因此当我
们考虑如何更好地促进社会公平的问题的时候，对于农村人口而
言，也需要相应地考虑如何改革这样的制度安排等相关问题。

主持人：先生们，针对消除贫困这一问题，中国已经取得了
巨大的成功。话虽如此，但《经济学家》杂志封面上的一个故事
还是引起了大家的注意，是关于中国经济的，讲述的是中国的留
守儿童问题。据说中国留守儿童的总数已经达到了几千万，基本
上相当于美国儿童人口的总和。留守儿童被他们外出的父母留在
了农村，您认为我们是不是需要先解决户口问题，而不是从给予
他们优质教育的机会入手？

胡必亮：我认为，要把这个问题纳入到更加宏观的制度环境
中来看。你知道，在相当长的一段时期，中国的政策制定表现出
十分明显的"城市偏向"（urban bias）特点，各个方面都强调了
城市的优先发展，而对农村发展重视不够，即使重视农村发展的
某些方面，其出发点也是为了更好地保障城市的利益，我们把这
样一种情况统称为"二元结构"（dual structure）。在这样的环境下，
农村地区和城市地区被彻底地分离开了，农村人口不能自由地进
入城市，或者说即使他们能够进入，也无法从事正常的活动。留
守儿童就是这种宏观制度背景下的一种畸形现象，因为即使到城
市打工的农民将自己的孩子带到身边，带到他们工作的城市，由

于制度上的障碍，这些孩子很难有机会上学，因此还不如留在本村上学，因为他们的户口在村里，并不在城里。除了留守儿童外，由于住房、医疗、就业等制度方面的制约，还有留守老人、留守妇女等问题。针对这些问题，中国政府于 2005 年和 2006 年推出了一个重要的建设计划，叫作"社会主义新农村建设"计划，通过各个方面的努力，为农村发展提供更多的资金、更好的政策、更多的机会，已经在许多地方取得了显著成效，包括留守儿童在内的许多问题，都得到了改善，或还在进一步改善过程中。

主持人：我采访过秘鲁前总统托莱多先生，他来自秘鲁最贫困的地区，最终成为秘鲁历史上的卓越领袖，很重要的一点就是教育必须成为社会政策讨论的热点。他的故事能否说明教育对于留守儿童和其他孩子们的同等重要性，譬如说印度的情况？

考利：你知道，当我进行发展问题的研究工作时，每个人都谈到消除贫困至关重要。但在某些方面，世界范围内已获基本成功，根据世界银行最新的数据，历史上第一次，贫困率已经降到了 10% 以下。

主持人：减贫是一个雄心勃勃的目标，也是千年发展目标的重要部分。前任联合国秘书长安南提出，到 2015 年，我们应该削减一半的贫困人口，正是今年，贫困总数需要被削减一半，您认为我们已经完成这项任务了吗？

考利：实际上，我们是提前实现了这一目标。如果把贫穷人口降低到 12%，我们就已经实现了这一目标，何况我们目前只有9%。新的目标是到 2030 年，将达到零贫困的水平。问题的关键是，如今每个人都在谈论包容性增长，提升人的重要性，但现在的问题是不平等，它不再是只和贫穷国家相关的问题。你所指的是问题中的极端的 1%，而不平等问题，却是个全球性的问题，也适用于美国和英国，当然也适用于印度，也许部分地适用于中国。

主持人：不仅是皮凯蒂（Thomas Piketty）先生，当教皇方济各（Pope Francis）到美国国会演讲时，也曾谈论到资本主义。

考利：所以我想说明的一点是，通过新兴市场论坛，通过我们自己的一些工作，来讨论有关差距和包容性增长的话题，同时正如胡教授所说的那样，也致力于为农村地区或城市地区的人们提供平等的机会。不管是在高原地区，托莱多先生出生的地方，或者那些出生在沿海地区或更遥远的岛屿上的人们，各种问题都大量存在，而不仅仅只是在教育、饮用水、卫生方面，我们都应该关注并努力想办法解决这些问题。

主持人：好的，水资源短缺和污染问题，这些都是中国在 21世纪所面临的灾难性问题。话说回来，在这一天即将结束之时，考利先生和胡教授，我恐怕要再去探讨一番可能会是比较尴尬、敏感的问题。新兴市场中有伊朗、土耳其、印度尼西亚这些国家，那里居住着人数最多的穆斯林。有人认为，穆斯林人口出现了爆炸式增长，并构成了对不同文明之间文化冲突的威胁。当穆斯林人多于白人基督徒后，有可能出现严峻的政治问题吗？

考利：我的出生地在今天的巴基斯坦，我在印度长大，我生活在北美；我的妻子来自南美，一位天主教徒；我的一个孩子是个天主教徒，我的另一个孩子转投到犹太教，我是一位锡克教徒。

印度是当今世界第二大穆斯林国家，你猜怎么着，在我看来……

主持人：顺便提一句，前总理英迪拉·甘地被锡克教极端分子暗杀，民族问题威胁到了发展中国家发展的稳定性，并且影响到经济层面。

考利：这是我们看待问题的一种方式。另一种看待方式是，印度中央政府所做的所有努力都是为了重塑旁遮普邦的民主，那里是锡克教徒们的圣地，所有的极端暴力在旁遮普邦都已消失，和平已经完全彻底地回到了旁遮普邦。

主持人：让我们简单地了解一下颜色革命的危险，这是最有可能发生在社会舞台的变革。当你将会变得富有的时候，但不是现在。有一位知名的教授说过，当你处于贫困，将不会拥有政治上的不稳定；当你一夜暴富，从强大稳健的中产阶级那里，你养成了无法满足的需求，因此需要用投票箱来决定未来。对于发展中国家，法律和规则是必需的，这样才能有健全的环境。民主的承诺一定是一种很大的威胁。您觉得呢，这也是中国面临的一项挑战吗？

胡必亮：伴随着高速的全球化发展，中国在各方面也都会受到影响，各种冲突都不能完全避免，但最重要的还是经济发展，消除贫困、改善教育也很重要。

主持人：是的，我想请教胡教授的是：在发展中国家，特别是新兴市场国家，社会公正和经济效率二者之间的关系应该是怎样的？中国当前热衷于高速铁路等硬件建设，那我们以柏林为例，自从冷战结束的 1991 年以来，当地人一直在谈论建设一个新机场，但截至目前，什么也没有发生。同样，在加利福尼亚，三届加州政府都讨论过建立短途高铁的设想和方案，但也都没有做成，部分原因是因为有的当地人使用他们的步枪与政府抗争，除非你给他们很高的补偿，否则他们拒绝搬迁。但在中国，我们这里有西方称之为"专制"的情况，也没有强大的工会。我们牺牲一小部分人的利益换取了多数人的利益，这样做是邪恶的吗？或者说，只有这样做，才能迎来新兴市场经济的快速发展？

胡必亮：关于你提到的这个问题，改革开放以来的一段时期，中国确实把高速的经济增长放到了最重要的位置，对于社会公正重视不够，但目前的情况已经有了很大的改变，中国已经比较重视两者之间的均衡了。我个人认为，社会公正与经济效率之间的关系，在不同国家发展的不同阶段，应该是不同的。一般而言，在国家发展的初期阶段，多数国家都会把经济效率放在更加重要的位置，随着财富创造的增加，一般就需要政府更加重视社会公平问题。像你提到的发生在柏林和加州的事，主要是国家体制不同造成的吧，中国政府的力量比较强大，在刺激经济增长中起到了重要的作用，包括在大型项目建设、拆迁等方面，确实是政府说了算，有利于集中力量办大事。但这样做的结果，也引来了许多非议，认为中国不民主呀、政府侵犯了老百姓的基本权利呀，等等。当然，中国在这些方面需要改进，实际上中国也在不断努力地推进民主化改革，例如中国的基层选举制度等。对于发展中国家而言，在许多方面都容易出现政府主导的情况。在发展中国家处于发展的一定阶段，政府发挥更大作用，可能其经济发展会更快一些吧。

主持人：谢谢您！时间已近结束，非常感谢二位的参与。

附录

新兴市场北京宣言

（2015年10月20日，北京）

2015年10月19—20日，北京师范大学新兴市场研究院联合中国人民对外友好协会、美国新兴市场论坛在人民大会堂和中国人民对外友好协会共同召开了"2015北京新兴市场论坛"。论坛是在联合国2015年后发展议程刚刚通过后所举行的一次重要活动。孟加拉国前总理法赫尔丁·艾哈迈德、肯尼亚前总理拉伊拉·奥廷加、吉尔吉斯斯坦前总理卓奥玛尔特·奥托尔巴耶夫、秘鲁前总统亚历杭德罗·托莱多等前政要，南非农业开发与土地改革部部长古吉莱·恩昆蒂，以及国际货币基金组织前总裁米歇尔·康德苏、拉丁美洲开发银行行长恩里克·加西亚、日本国际协力银行行长渡边博史、世界银行前副行长胜茂夫、亚洲开发银行前常务副行长拉贾特·纳格等国际组织的现任或前任负责人，北京师范大学校务委员会主任刘川生和校长董奇、中国人民对外友好协会会长李小林、美国新兴市场论坛执行主席哈瑞尔达·考利、北京师范大学新兴市场研究院院长胡必亮等主办方负责人出席论坛。

新兴市场国家在过去几十年里，经济社会发展取得了辉煌成就，人民生活水平大幅改善，在国际上的地位与影响力迅速提升，已成为驱动全球经济增长和影响世界政治发展的重要力量。尤其是在满足人民基本需求、减缓贫困方面取得了实质性进步。

同时，我们也注意到，部分新兴市场国家目前的经济形势不容乐观：经济增长下滑、货币贬值、失业率上升，有的还伴随着比较严重的通货膨胀。新兴市场国家政府应继续制定行之有效的政策，推动其经济社会发展向着正确的方向前进；新兴市场智库机构在这样的关键时刻应努力承担起重要责任，为促进新兴市场国家的健康发展建言献策，提出切实可行的发展战略与政策建议，帮助新兴市场国家实现可持续发展。

我们支持联合国发展峰会所通过的 2015 年后发展议程。这个议程为新兴市场国家确立了新的发展目标，为新兴市场国家之间更加密切的合作提供了有益参考。

我们支持在继续坚持和强化南北合作的基础上，以更加积极的姿态促进南南合作。

我们支持中国国家主席习近平在联合国发展峰会提出的探索"公平的发展""开放的发展""全面的发展"和"创新的发展"的思想及其在南南合作圆桌会议上提出的中国将设立"南南合作援助基金"、继续增加对最不发达国家投资、免除对部分最不发达国家的政府间无息贷款债务、设立国际发展知识中心、构建全球能源互联网、联合各相关国家推进"一带一路"建设、推动亚洲基础设施投资银行和金砖国家新开发银行早日投入运营等具体行动计划。

我们支持北京师范大学根据新的形势与历史使命，成立"南南合作研究中心"，具体研究南南合作的理论与实践，提出深化南南合作的政策与措施。

我们建议，继续推进全球经济金融治理体制与制度改革，使新兴市场和发展中国家有更大的发言权和参与度，为促进新兴市场和发展中国家的进一步发展创造良好的国际经济金融治理环境。

位于中国北京的新兴市场研究院和位于美国华盛顿的新兴市场论坛都是专注于新兴市场研究的专业性新型智库机构，也是十分密切的合作伙伴。经过多年的努力，它们在新兴市场研究方面都取得了丰富的研究成果，有的研究成果已被新兴市场国家政府所采纳、应用。在新的严峻形势下，新兴市场智库机构应该发挥更重要的作用。

与会各方感谢各位政要、多边开发银行负责人、国际知名专家学者出席这次论坛，感谢他们对新兴市场的关注与指导，感谢北京师范大学及其新兴市场研究院、新兴市场论坛、中国人民对外友好协会为这次论坛在北京举办所发挥的重要作用，感谢中国国家主要领导人对新兴市场的高度重视，感谢中国人民对外友好协会会长李小林、北京师范大学校务委员会主任刘川生和校长董奇、新兴市场论坛执行主席哈瑞尔达·考利、北京师范大学新兴市场研究院院长胡必亮以及他们所领导的工作团队为论坛的各项工作所做的巨大努力与良好安排。各位前政要与各相关机构及其负责人同意今后适时再次在中国举办类似的论坛，共商新兴市场发展与南南合作大计，为促进新兴市场与发展中国家的快速、健康、可持续发展不断地做出新贡献。